EASY BUSINESS COMPUTING 1

MS Office Excel

조현정 권아름

도서출판 청람

머 리 말

4차 산업혁명 시대가 도래함에 따라 2020년까지 선진국에서 일자리 710만 개가 사라질 것이라는 예측이 나오고 있다. 이러한 사회환경이 도래함에 따라 최근 대학에서는 '학교에서 직업세계로(School to Work)', '직업세계에서 학교로(Work to School)'와 같이 직업과 교육의 긴밀한 관계를 강조하고 있다. 이는 고도성장을 하던 산업사회에서는 교육과 기업의 관계가 긴밀하지 않아도 학생들이 취업을 하는 데 어려움이 없었고, 학교는 기업의 요구에 세심하게 귀를 기울이지 않아도 성장할 수 있었지만, 지식기반사회에서는 기업의 요구에 귀를 기울이고 기업의 요구에 맞는 적절한 인재를 배출해야 하며, 기업의 수요에 민감해야 하기 때문이다. 따라서 이러한 변화에 맞춰 대학에서는 NCS(National Competency Standards)에 기반을 둔 교육과정을 개발하여 기업의 요구에 알맞은 전문직업인을 양성하기 위해 노력하고 있다.

이러한 시대의 다양한 변화 속에서 컴퓨터 활용능력은 더욱 중요시되고 있는데, 이는 컴퓨터 활용능력이 단지 컴퓨터를 잘 사용할 수 있을 뿐만 아니라 상대에게 자기의 의사를 잘 전하기 위한 커뮤니케이션능력을 포함하기 때문이다. 이에 따라 많은 대학 및 학과에서는 컴퓨터 활용과 관련된 교육을 하고 있는데, 본서 『Easy Business Computing』은 전문대학생, 4년제 대학교 저학년생 및 사회 초년생을 위해 쉽게 비즈니스 컴퓨팅과 관련한 내용들을 다루고 있다.

『Easy Business Computing 1』은 비즈니스 컴퓨팅과 관련된 첫 번째 책으로 MS Office Excel에 관해서 다룬 책이다. 본문은 전체 10장으로 구성되어 있으며, 제1장 엑셀 2016 소개, 제2장 엑셀 기본, 제3장 데이터 편집하기, 제4장 문서 꾸미기, 제5장 엑셀 수식 만들기, 제6장 기본 함수 활용하기, 제7장 고급 함수 활용하기, 제8장 차트 만들기, 제9장 데이터 관리 및 분석하기, 제10장 매크로 활용하기 등으로 구성되어 있다. 각 장은 다양한 화면을 통해 처음 공부하는 사람들도 쉽게 따라할 수 있도록 구성되었으며, 특히 전문대학 및 4년제 대학의 저학년 과목에서 쉽게 활용할 수 있도록 서술보다는 화면 위주로 쉽게 구성하였다.

또한 저자들은 추후에는『Easy Business Computing 2』에서 MS Office Word를 다루고『Easy Business Computing 3』에서 MS Office Powerpoint를 다룰 예정이다.

이 책은 지속적으로 강조되고 있는 비즈니스 컴퓨팅능력을 쉽고 재미있게 키우기 위해 펴낸 책이다. 국내에 다양한 비즈니스 컴퓨팅 관련 책들이 있지만, 전문대학생 및 4년제 대학교 저학년을 대상으로 쉽게 접근할 수 있도록 편찬된 서적은 그리 많지 않다. 비록 이 책이 부족하고 미흡한 면이 있지만 전문대학 및 4년제 대학의 교육현장에서 학생들의 비즈니스 컴퓨팅능력을 키우는 데 도움이 될 수 있길 바란다.

마지막으로 이 책이 출간되기까지 수업에서 만났던 많은 학생들과 물심양면으로 지원해준 청람출판사 이수영 대표님과 편집부 여러분께 깊은 감사를 드린다.

2017년 8월

조현정, 권아름

이 책과 관련된 연습시트 예제들은 도서출판 청람 홈페이지 일반자료실에서 다운받으실 수 있습니다.

차 례

Chapter 06
기본 함수 활용하기

Chapter 07
고급 함수 활용하기

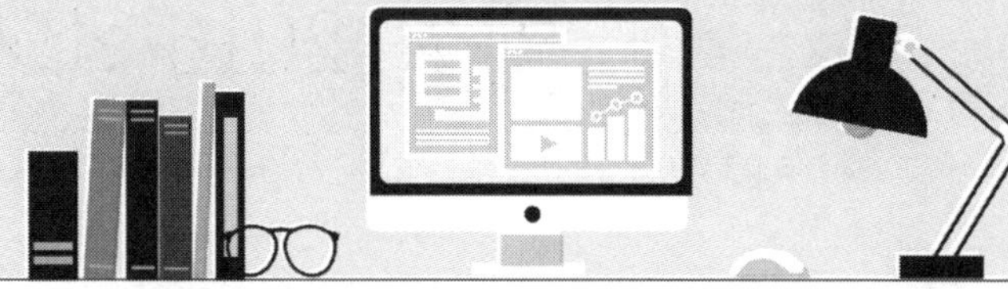

Chapter

01

엑셀 2016 소개

1. 엑셀의 다양한 기능
2. 기본 메뉴 구성

Chapter 01

엑셀 2016 소개

1 엑셀의 다양한 기능

1) 엑셀이란

수치 데이터를 쉽고 편리하게 다룰 수 있도록 만든 스프레드 시트(spread sheet) 프로그램으로 경리·회계 장부에서 쓰인 표 형식을 컴퓨터 화면으로 옮겨 놓은 것이다.

2) 엑셀의 기능

표를 활용한 수치 계산 및 집계, 문서·양식 작성, 데이터 관리 및 분석, 차트 작성 등의 기능을 지니고 있다.

용도	설명
수치 계산 및 집계	표를 작성하여 표 안에 기입된 수치들을 손쉽게 계산하고 활용
문서·양식 작성	데이터 글꼴이나 표를 꾸며 간단한 보고서 형식의 문서 작성
데이터 관리 및 분석	1,048,576개의 행과 16,384의 열에 데이터 입력이 가능, 방대한 자료를 관리하고 분석 가능
차트 작성	필요한 데이터만 추출하여 다양한 모양의 차트 그림 작성

3) 엑셀 시작하기

[시작]–[모든 프로그램]–[Miscrosoft Office]–[Microsoft Office Excel 2016]을 클릭한다.

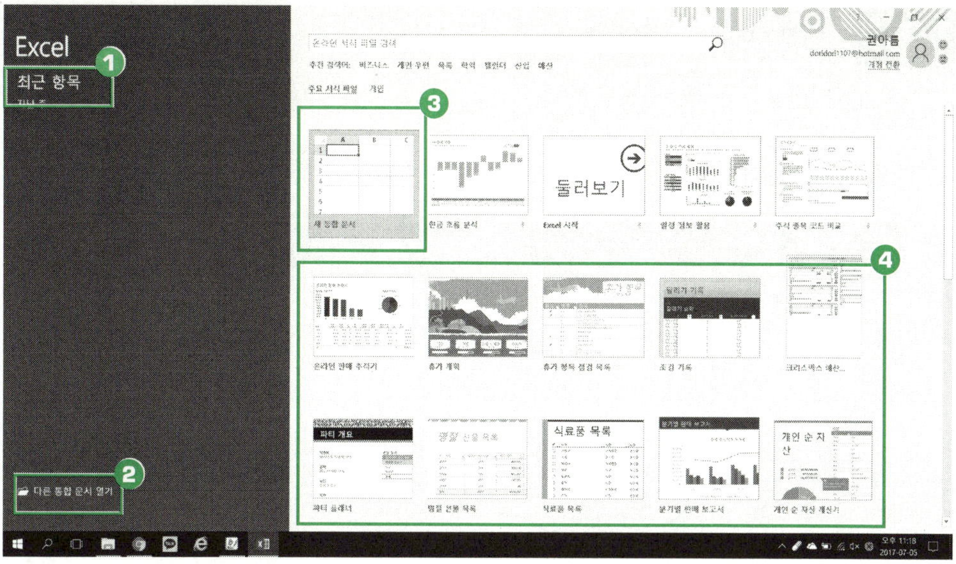

❶ **최근 항목** : 최근에 작업한 통합 문서 목록에서 통합 문서를 불러온다.

❷ **다른 통합 문서 열기** : 기존에 작업한 문서를 로컬 또는 클라우드에서 불러온다.

❸ **새 통합 문서** : 새로운 통합 문서를 열어 작업 진행이 가능하다.

❹ **서식 통합 문서** : 자주 사용하는 엑셀 문서의 서식파일을 열어 빠르게 문서 작업이 가능하다.

2 기본 메뉴 구성

1) 엑셀 기본 화면

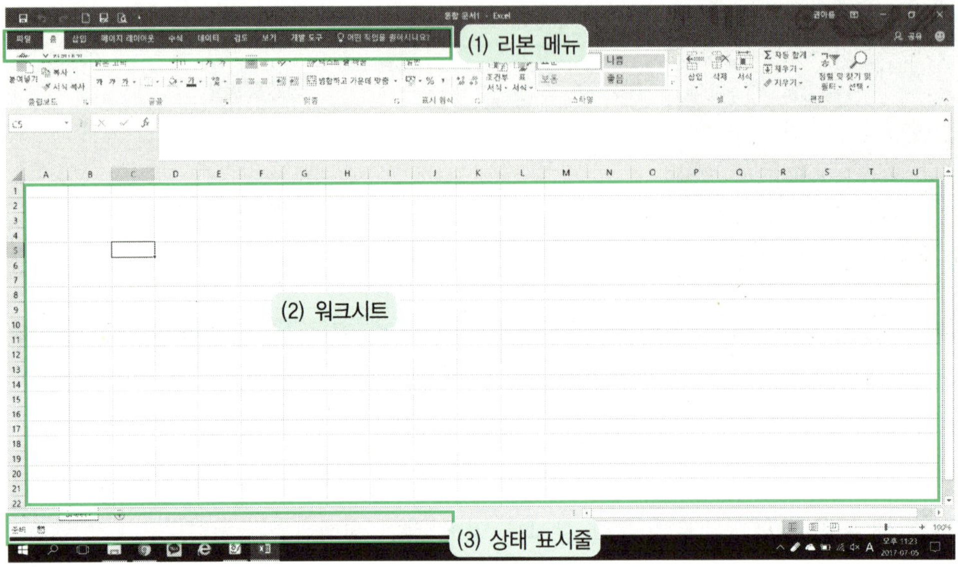

(1) 리본 메뉴 : 화면 상단에 명령을 실행하는 텍스트와 아이콘을 모아놓은 부분이다.

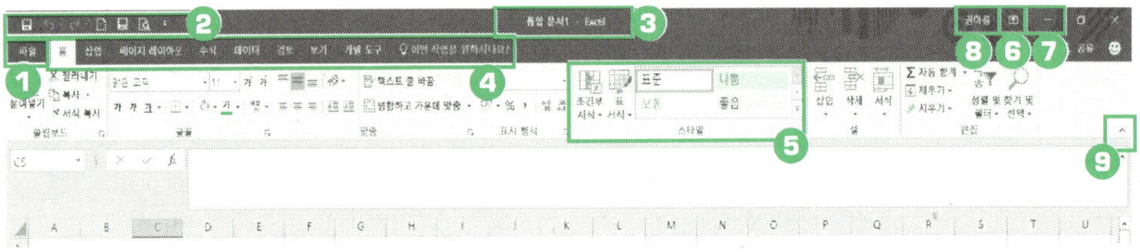

❶ **파일 탭** : 파일 관리 메뉴 모음, 정보, 새로 만들기, 열기, 저장, 다른 이름으로 저장, 인쇄, 공유, 내보내기, 닫기, 계정, 옵션으로 구성된다.

❷ **빠른 실행 도구** : 자주 사용하는 기능을 모아놓은 도구이며 사용자가 임의로 편집 가능하다.

- 설정 방법 : 실행 도구 제일 우측에 ▼ 또는 [파일]-[옵션]-[빠른 실행 도구 모음]에서 설정한다.

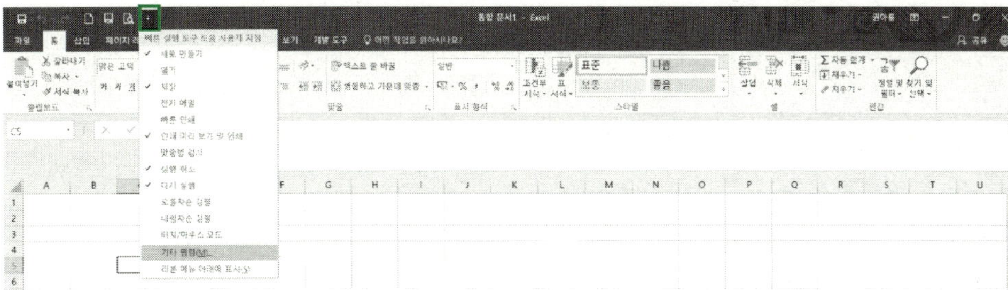

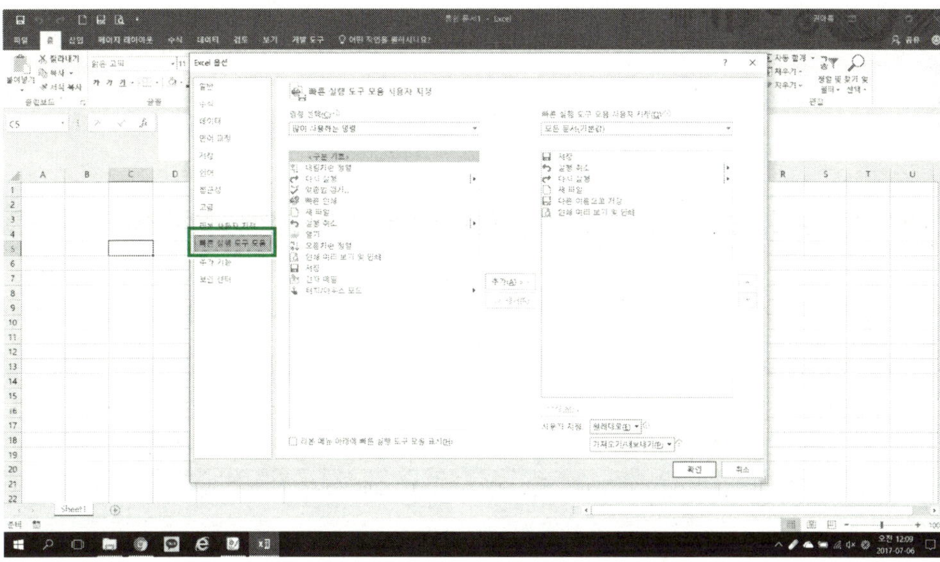

❸ **제목 표시줄** : 프로그램 이름과 현재 작업중인 파일 이름이 표시된다. 작업 상태에 따라 [읽기 전용], [호환 모드], [공유], [그룹]이 함께 표시된다.

❹ **탭** : 비슷한 종류의 명령으로 그룹별로 모아놓은 형식으로 기본 탭 7개로 사용자 임의로 편집 가능하다.

- 설정 방법 : [파일]-[옵션]-[리본 사용자 지정]에서 설정한다.

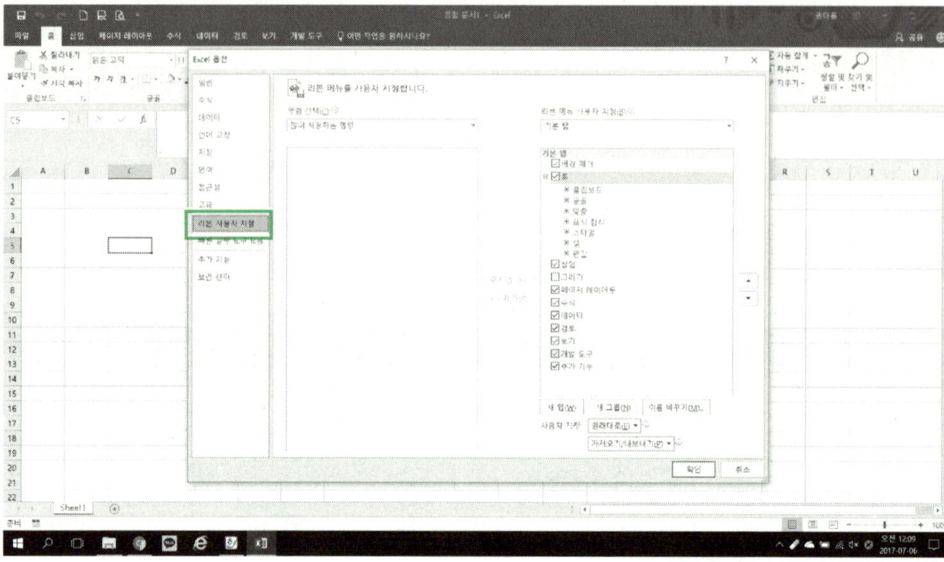

❺ **그룹** : 각 탭에서 관련 있는 기능을 세부적으로 구분한 것이다.

❻ **리본 메뉴 표시 옵션** : 리본 메뉴를 [자동 숨기기], [탭 표시], [모두 보이기]로 설정하여 작업 영역을 넓게 사용할 수 있다.

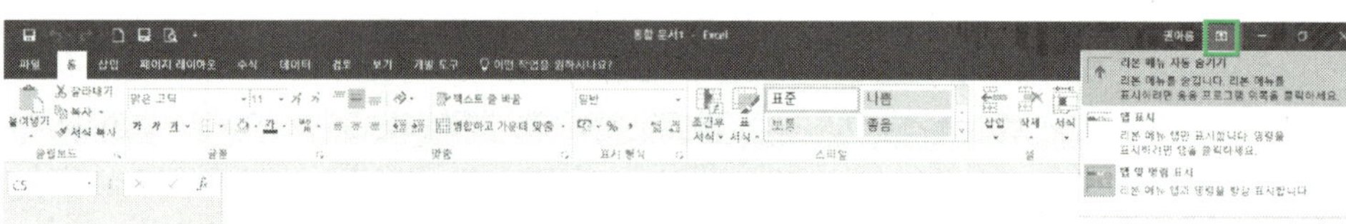

❼ **프로그램창 조절 버튼** : 엑셀창을 최소화, 최대화, 닫기가 가능하다.

❽ **오피스 로그인 버튼** : 오피스 라이브 계정으로 로그인하여 One Drive의 클라우드 공간에 오피스 문서를 저장, 열기, 공유가 가능하다.

❾ **리본 메뉴 축소** : 리본 메뉴를 축소하여 리본 메뉴 탭만 표시 가능하다.

- 확대 시 : 탭 버튼 중 하나를 누른 후 오른쪽 위치에 나타나는 고정핀을 누른다.

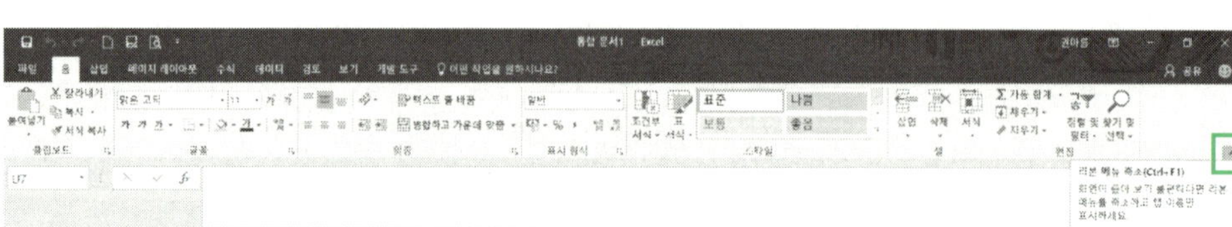

(2) **워크시트** : 실행된 명령이 나타나는 공간이다.

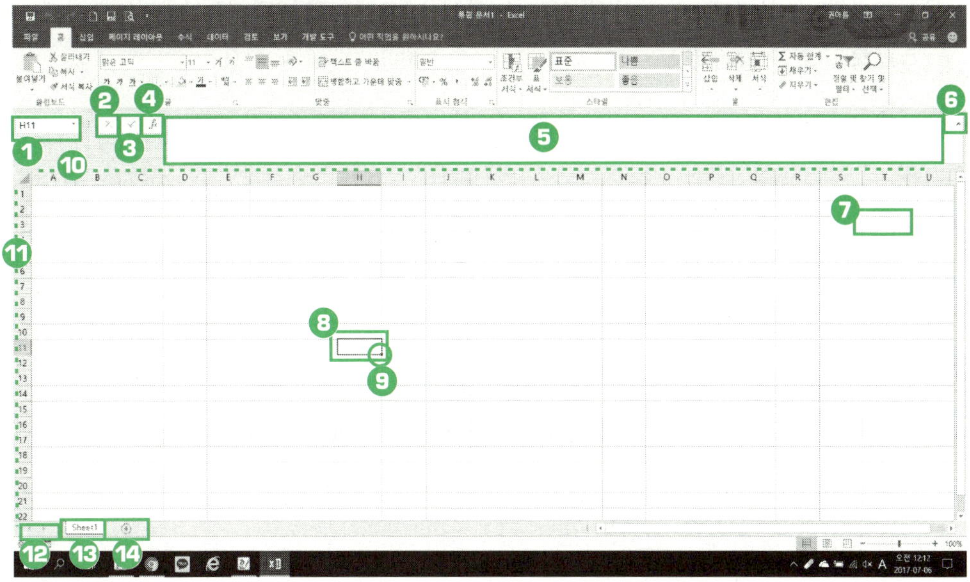

❶ **이름 상자** : 셀 주소, 정보 또는 수식이나 함수 목록을 나타내는 상자이다.

❷ **입력 취소** : 셀에 입력한 내용을 취소하는 단추이다. = Esc

❸ **입력 확정** : 셀에 입력한 내용을 확정하는 단추이다. = Enter↵

❹ **함수 삽입** : 함수 마법사를 실행하는 함수 삽입 단추이다.

❺ **수식 입력줄** : 선택한 셀에 입력한 내용이나 수식이 나타나는 곳으로, 셀 내용을 직접 입력하거나 수정이 가능하다. = F2

❻ **수식 입력줄 확장/축소** : 수식 입력줄을 확장하거나 축소 가능하다.

❼ **셀** : 행과 열이 만나는 자리로 데이터나 수식 등을 입력하는 곳이다.

❽ **셀 포인터** : 셀이 선택되었다는 표시로 굵은 테두리가 표시된다.

❾ **채우기 핸들** : 셀 포인터 오른쪽 아래에 있는 검은색 굵은 점으로 드래그 또는 더블클릭으로 자동 채우기가 가능하다.

❿ **열 머리글** : 열 이름이 표시되는 곳으로 A부터 XFD열까지 16,384개 입력 가능하다.

⓫ **행 머리글** : 행 번호가 표시되는 곳으로 1부터 1,048,576행까지 입력 가능하다.

⑫ **시트 탭 이동 버튼** : 가려진 시트 탭이 있는 경우 시트 탭 이동 시 활성화된다.

⑬ **시트 탭** : 현재 통합 문서에 있는 시트와 이름이 표시되는 곳이다.

(오른쪽 마우스 클릭 메뉴)

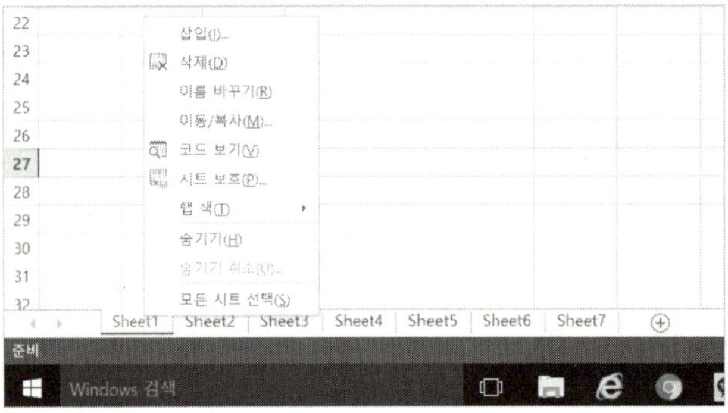

- 시트 삽입/삭제 : 새 시트를 삽입하거나 삭제 가능하다. 삽입 시 현재 시트의 앞에 삽입되고, 삭제는 현재 시트를 삭제한다.
- 이름 바꾸기 : 원하는 시트명으로 변경 가능하고, 느린 더블클릭으로도 이름 변경이 가능하다.
- 이동/복사 : 시트의 순서를 변경하거나 같은 시트를 복사하여 동일한 파일, 다른 파일, 새 파일에 삽입 가능하다.
- 코드 보기 : Visual Basic Application(VBA)창이 열리며 매크로를 이용하여 입력 가능하다.
- 시트 보호 : 워크시트를 변경, 이동, 데이터 삭제 등을 하지 못하도록 시트를 보호하는 기능, 특정 셀만 데이터를 편집 가능하도록 설정 가능하다.

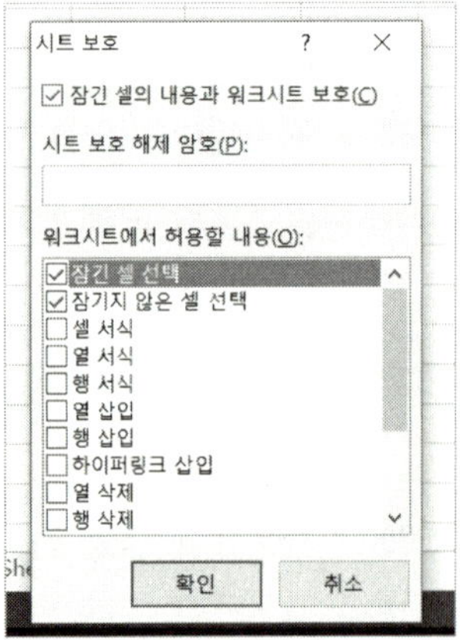

- 탭 색 : 사용자 임의로 탭별로 색상 설정이 가능하다.
- 숨기기 : 원하는 탭을 숨기기, 숨기기 기능 취소가 가능하다.
  숨기기 취소 : 워크시트 탭에서 [마우스 오른쪽 클릭]-[숨기기 취소]를 선택한 후 '확인'을 누른다.
- 모든 시트 선택 : 모든 워크시트가 선택된다.
  일부 시트 선택 : Ctrl 누른 상태에서 원하는 워크시트만 클릭한다.

⑭ **워크시트 삽입 버튼** : 새 워크시트가 제일 뒤에 삽입된다.

(3) **상태 표시줄 :** 화면 하단에 작업 상태를 표시하거나 화면 보기를 선택할 수 있다.

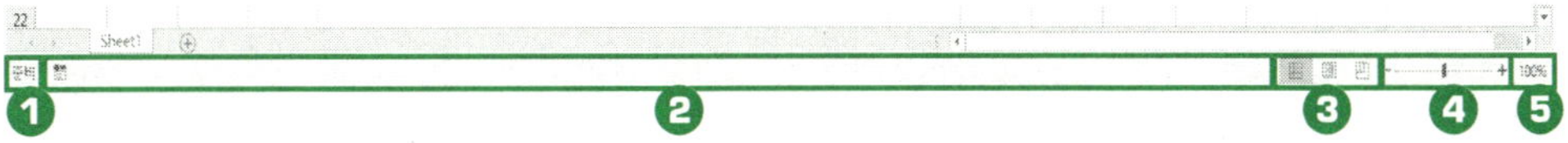

① **셀 모드** : 준비, 입력, 편집 등 셀 작업 상태를 나타낸다.

② **표시 영역** : 키보드 기능키의 선택 상태를 표시하는 곳으로 숫자가 입력된 셀 범위를 지정하면 자동 계산 결과를 표시한다.

③ **보기 바로가기** : 기본, 페이지 레이아웃, 페이지 나누기 미리보기가 가능하다.

④ **확대/축소 슬라이드** : 확대/축소 버튼을 클릭하거나, 조절바 드래그로 설정 또는 Ctrl + 마우스 스크롤로 조정 가능하다.

⑤ 확대/축소를 지정하는 대화상자를 열어 원하는 배율을 지정할 수 있다.

작업 영역의 기본 구조

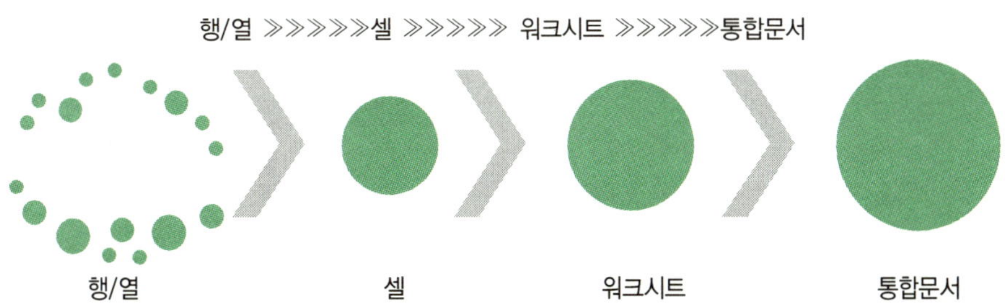

행과 열이 모여 셀을 이루고, 셀이 모여 워크시트를 이루며, 여러 장의 워크시트가 통합 문서를 이룬다.

2) 문서 열기/저장하기

(1) 문서 열기 : [파일]-[열기]를 클릭한다.

- **최근에 사용한 통합문서** : 가장 최근에 사용한 엑셀 문서 목록이 보인다.
- OneDrive – 개인 : 로그인된 계정으로 저장된 클라우드의 문서 열기가 가능하다.
- **컴퓨터** : 로컬 컴퓨터 또는 이동식 드라이버에 저장된 문서 열기가 가능하다.

(2) 문서 저장/다른 이름으로 저장하기

- OneDrive – 개인 : 로그인한 계정의 클라우드에 저장한다.
- **컴퓨터** : 로컬 컴퓨터 또는 이동식 드라이버에 저장한다.

OneDrive

- Microsoft사의 클라우드 서비스로 구글의 Google Drive, 네이버의 N Drive와 유사한 것으로, 장소와 장치에 구애받지 않고 PC, 태블릿, 스마트폰 등으로 어느 곳에서든지 문서를 활용할 수 있는 온라인 저장 장소이다.
- 기본으로 제공하는 용량은 7GB로 MS Office 프로그램과 연동되어 별도의 프로그램 없이 웹으로 실행 가능하고 로컬 컴퓨터에서 만든 문서를 저장, 공유가 가능하다.

단축키 활용하기

구분	단축키	기능
작업용	Ctrl + N	새 문서 만들기
	Ctrl + P	현재 문서 인쇄
	Ctrl + W	문서 닫기
	Alt + F2, F12	현재 문서를 다른 이름으로 저장
	Ctrl + O	엑셀 문서 불러오기
셀 서식 및 입력	Ctrl + 1 Enter	셀 서식 대화상자 불러오기
	Ctrl + 2, Ctrl + B	텍스트 굵게
	Ctrl + 4, Ctrl + U	텍스트 밑줄
	Ctrl + Enter	지정 범위에 같은 내용 입력하기
	Alt + Enter	한 셀에 두 줄 이상 입력
	Ctrl + ;	오늘 날짜 입력
	Ctrl + Shift + ;	오늘 시간 입력
작업속도 향상	Ctrl + Z	방금 실행한 작업 취소
	Ctrl + Y	방금 실행한 작업을 취소하지 않고 한 번 더 실행
	Ctrl + C	셀 복사
	Ctrl + V	복사한 셀 붙여넣기
	Ctrl + ↑,↓,←,→	빈 행의 첫 셀/끝 셀, 빈 열의 첫 열/끝 열로 이동
	Shift + F4	다음 빈 셀로 이동
	Ctrl + Home	A1 셀로 이동
	Ctrl + +	셀/행 삽입
	Ctrl + −	셀/행 삭제
	Ctrl + 9	행 숨김
	Ctrl + 0	열 숨김
기타	F1	도움말
	F7	맞춤법 검사
	F6	다음 창틀로 이동
	Alt + T + O	엑셀 옵션 대화상자 열기
	Alt + F8	엑셀 매크로창 열기
	Shift + F3	함수 마법사 대화상자 열기
	Ctrl + F3	이름 관리 대화상자 열기
	Shift + F10	바로가기 메뉴 표시
	Alt + I + M	셀에 메모 삽입

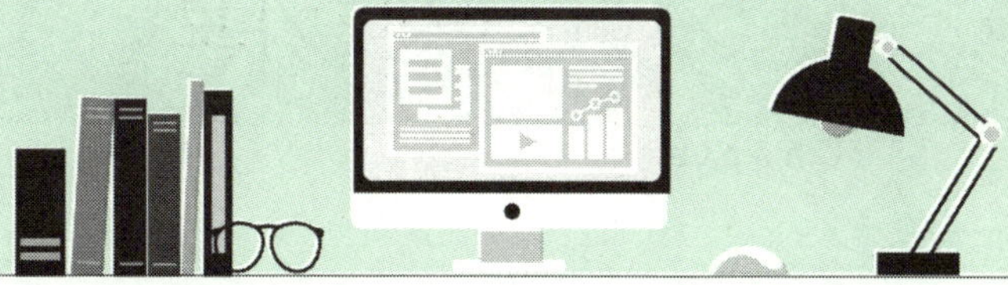

Chapter

02

엑셀 기본

02 엑셀 기본

Chapter

[연습시트 : 2장 예제 – 시트명 '선물 목록']

1 셀 선택과 범위 지정하기

1) 데이터의 행/열 처음과 끝 선택하기

- [B6] 셀을 선택하고 Ctrl 누르고 →을 누르면 현재 행의 마지막 열 [F6]으로 이동한다.
- 같은 방법으로 Ctrl 누른 상태에서 방향키(← ↑ ↓)를 눌러본다.

2) 떨어져 있는 여러 셀 선택하기

Ctrl 누른 상태에서 원하는 셀을 클릭한다.

3) 이름 상자로 셀 선택하기

이름 상자에 "A10"을 입력하고 Enter↵를 누르면 [A10] 셀로 이동한다.

4) 셀 이름 정의하기

[F2] 셀을 클릭 후 이름 상자에 "총 예산"을 입력한다.

5) 셀 블록 설정하기

- 첫 셀을 선택하고 [Shift]를 누른 상태에서 마지막 셀을 선택한다.
- 부분적으로 연결되는 셀을 선택해야 하지만 스크롤바를 내려야 하는 상황에서 활용할 수 있다.

ex [B6]부터 [F22]까지 셀 블록 설정하기

키보드로 셀 이동하기

① 근처 셀로 이동 시

[→], Tab	오른쪽으로 이동
[↓], Enter	아래로 이동
[←], Shift+Tab	왼쪽으로 이동
[↑], Shift+Enter	위로 이동

② 화면 단위로 이동 시

PageUp, PageDown	화면 단위로 위 또는 아래 셀로 이동
Alt+PageUp 또는 Alt+PageDown	화면 단위로 왼쪽 또는 오른쪽 셀로 이동

③ 행/열의 처음이나 끝으로 이동 시

- [Ctrl]+[→] [←] / [↑] [↓]

[연습시트 : 2장 예제 – 시트명 '선물 목록']

2 행/열 데이터 편집하기

1) 행/열 너비 조정

① B열 머리글에서 F열 머리글까지 드래그하여 범위를 지정한다.

② 마지막 F열 오른쪽 끝에 마우스 포인터를 위치시키고 원하는 크기만큼 드래그한다.

③ 조절한 열의 너비만큼 나머지 선택한 범위의 열도 일괄적으로 변경된다.

2) 행 높이 입력하여 조정하기

1 조절하고자 하는 열을 선택 후 마우스 오른쪽 버튼을 클릭한다.

2 [행 높이] 선택 후 원하는 높이를 입력 후 '확인'을 누른다.

3) 빈 행/열 삽입하기

1 삽입하고자 하는 위치 아래의 행 또는 우측의 열에서 마우스 오른쪽 버튼을 눌러 [삽입]을 클릭한다.

2 선택한 행의 왼쪽에 빈 행이 삽입되거나 선택한 열의 좌측에 빈 열이 삽입된다.

ex 7행, 8행 클릭 ⇨ 마우스 오른쪽 버튼 [삽입]

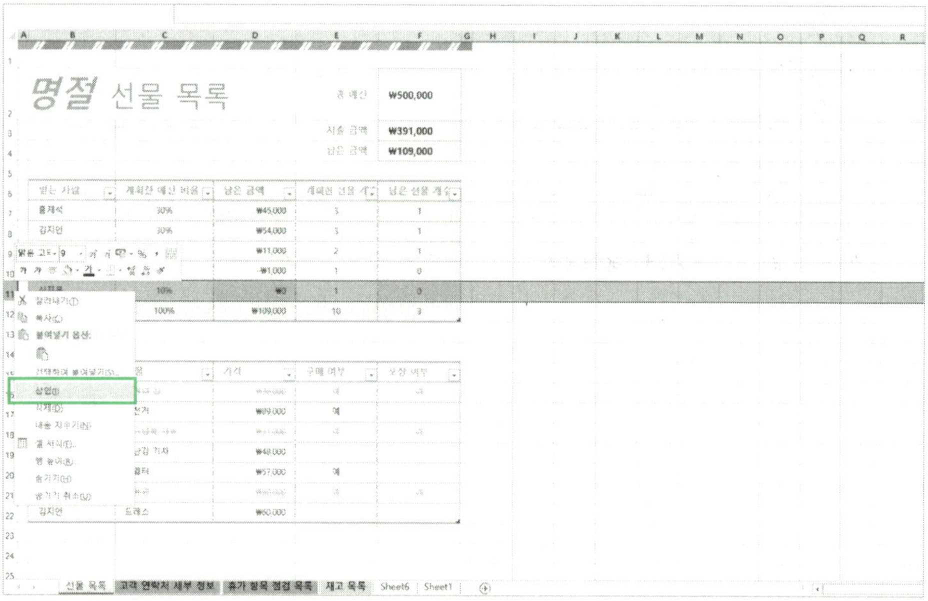

4) 행/열 삭제하기

1 삭제하고자 하는 행 또는 열을 클릭한 후 마우스 오른쪽 버튼을 눌러 [삭제]를 클릭한다.

2 선택한 행 또는 열이 삭제된다.

ex 7행, 8행 클릭 ⇨ 마우스 오른쪽 버튼 [삭제]

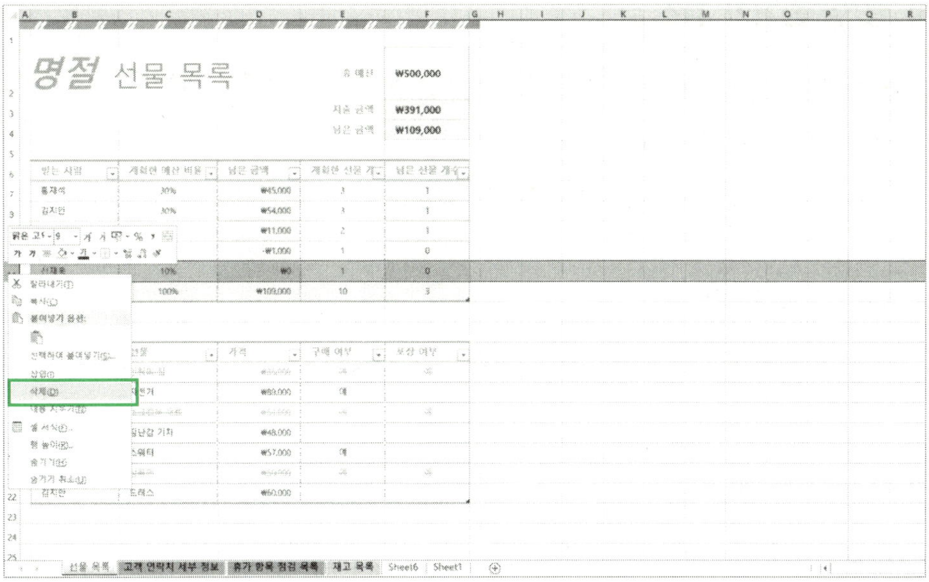

5) 행/열 숨기기

숨기고자 하는 행 또는 열을 클릭 후 마우스 오른쪽 버튼을 눌러 [숨기기]를 클릭한다.

ex 김지안, 유혜숙, 신재욱 행 숨기기

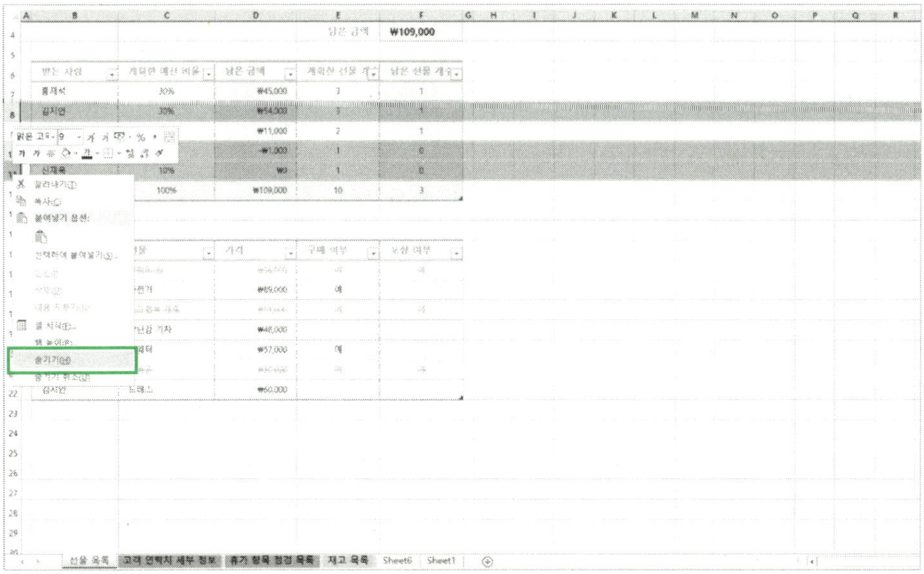

6) 행/열 숨기기 취소

숨긴 행이 포함된 행 또는 열을 전체 드래그 후 마우스 오른쪽 버튼을 눌러 [숨기기 취소]를 클릭한다.

ex 김지안, 유혜숙, 신재욱 행 숨기기 취소

7) 데이터 복사하기

[B6:F12] 영역을 드래그하여 Ctrl+C 또는 오른쪽 마우스 클릭 후 [복사]를 클릭한다.

8) 데이터 붙여넣기

① 붙이고자 하는 위치의 셀을 클릭한 후 Ctrl+V 또는 오른쪽 마우스 클릭 후 [붙여넣기]를 클릭한다.

② Esc를 눌러 복사 모드를 해제한다.

- 복사한 데이터와 동일하게 붙여넣기가 가능하며, 수식이 존재하는 경우 값이 달라질 수 있다.
- 붙여넣기는 수식, 값, 서식이 함께 붙여진다.

9) 선택하여 붙여넣기

복사한 셀을 붙이고자 하는 위치의 셀을 클릭 후, Ctrl+Alt+V 또는 오른쪽 마우스 클릭 후 [선택하여 붙여넣기]를 클릭한다.

- **모두** : 데이터 붙여넣기와 같은 결과로 붙여진다.
- **원본 테마 사용** : 복사한 셀의 모든 셀 내용과 서식이 붙여넣기 된다.
- **수식** : 수식 입력줄에 입력한 대로 수식만 붙여진다.
- **값** : 원본의 복사한 데이터의 수식은 제외하고 값만 붙여넣기 된다.
- **열 너비** : 원본의 복사한 데이터의 열 너비를 유지한 채 붙여넣기 된다.
- **테두리만 제외** : 원본 데이터의 테두리만 제외하고 붙여넣기 된다.
- **서식** : 원본의 복사한 서식만 붙여넣기 된다.
- **수식 및 숫자 서식** : 원본의 복사한 데이터의 수식 및 숫자 서식도 붙여넣기 된다.

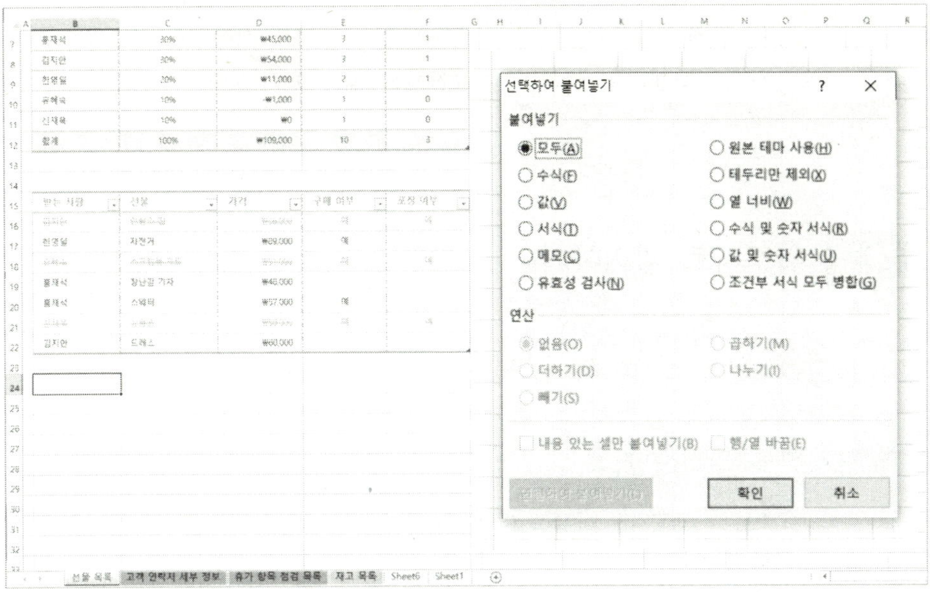

- **메모** : 셀에 첨부한 메모만 붙여넣기 된다.
- **값 및 숫자 서식** : 원본의 복사한 데이터의 값과 숫자 서식 모두 붙여넣기 된다.
- **유효성 검사** : 복사한 셀의 데이터 유효성 검사 설정만 붙여넣기 된다.

10) 데이터 이동하기

범위를 지정한 후 범위 가장자리에서 마우스 포인터 모양이 양방향 화살표(✥)로 변할 때 드래그하여 원하는 위치로 옮긴다.

11) 그림으로 복사/붙여넣기

열 너비와 관계없이 여러 종류의 표를 한곳에 모아 놓을 때 이용한다.

1. [B15:F22] 영역을 선택한 후, Ctrl+C를 눌러 복사한다.
2. Ctrl+Alt+V를 눌러 [선택하여 붙여넣기]를 실행 후, [연결된 그림]을 선택한다.
3. 홈 그룹에 붙여넣기 확장 시 나타나는 [기타 붙여넣기 옵션]-[그림]을 선택한다.
4. Esc를 눌러 복사 모드를 해제한다.

12) 붙여 넣은 그림의 크기 조절하기

붙여 넣은 그림을 선택하고 하단의 조절점을 드래그한다.

3 워크시트 관리하기

[연습시트 : 2장 예제 – 시트명 '선물 목록']

1) 워크시트 이름 바꾸기

① 시트 탭 [선물 목록]을 더블클릭 후 변경하고자 하는 이름을 입력한다.

② 또는 [선물 목록]에서 마우스 오른쪽 클릭 후 [이름 바꾸기]를 클릭하여 변경하고자 하는 이름을 입력한다.

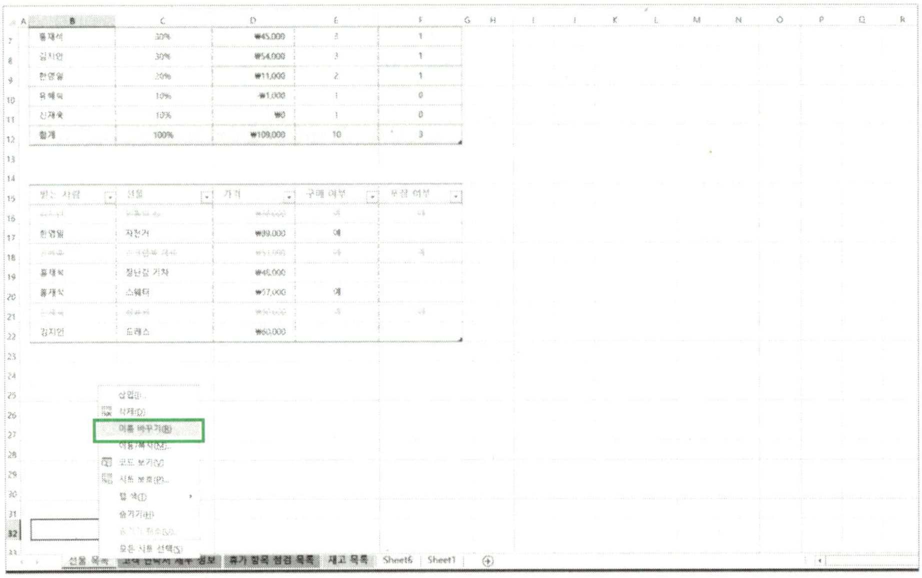

2) 워크시트 복사하기

① 시트 탭 [선물 목록]에서 마우스 오른쪽 클릭 후 [이동/복사]를 클릭하여 붙여넣기 하고자 하는 시트의 위치를 클릭한다. 복사된 시트는 선택한 시트의 앞에 위

치하며, 끝으로 이동하고자 하는 경우 [끝으로 이동]을 클릭한다.

② 새로운 문서로 시트를 만들고자 하는 경우 [대상 통합 문서]를 클릭 후 [새 통합 문서]를 선택한 후 '확인'을 누른다.

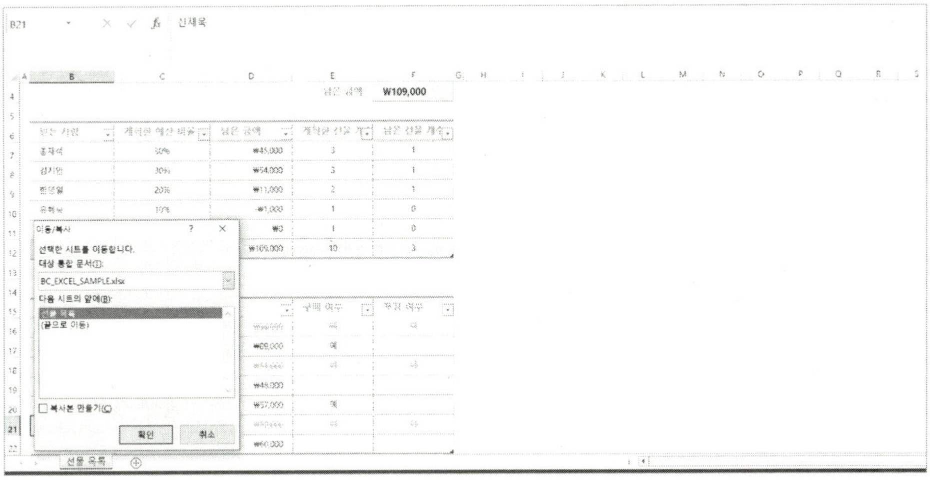

3) 데이터 찾기/바꾸기

① Ctrl+F 또는 Ctrl+H를 누른 후 "자전거"를 찾는다.

② [바꾸기 탭]에서 바꿀 내용에 "레고"를 입력한다.

③ 전체 바꾸기는 문서 전체를 일괄적으로 바꿔주고, 바꾸기는 커서 바로 하단에 첫 번째 단어만 바꿔준다.

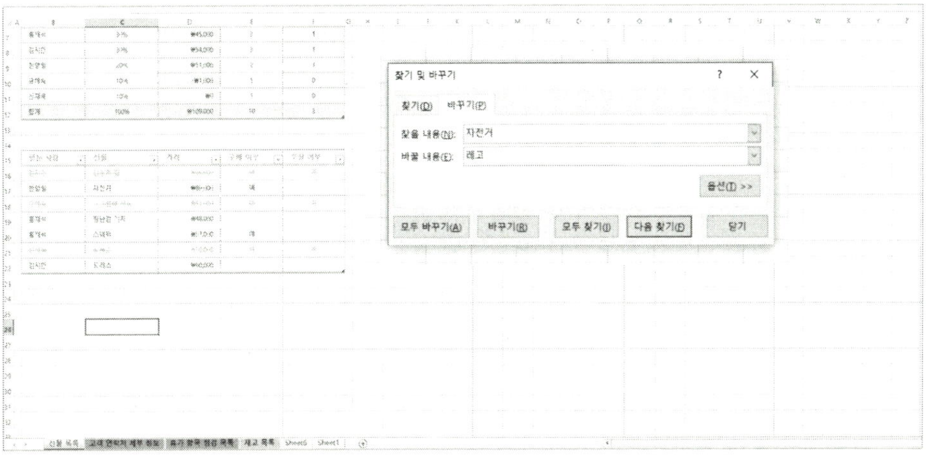

4) 전체 워크시트 선택하여 눈금선 지우기

① 탭 전체를 선택한다.

첫 번째 탭을 선택하고 Shift 를 누른 상태에서 마지막 탭을 선택한다.

② [보기]–[표시] 그룹에서 [눈금선]을 선택 해제한다.

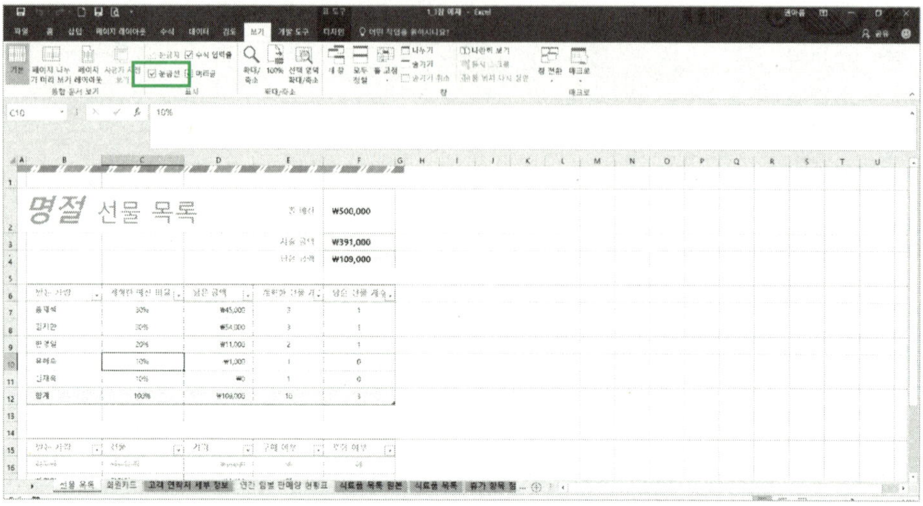

5) 워크시트 삽입/이동

① 시트 하단의 ⊕를 누르거나 삽입하고자 하는 위치에서 마우스 오른쪽 버튼 [삽입] 클릭, 삽입하고자 하는 위치의 뒤쪽 워크시트에서 실행한다.

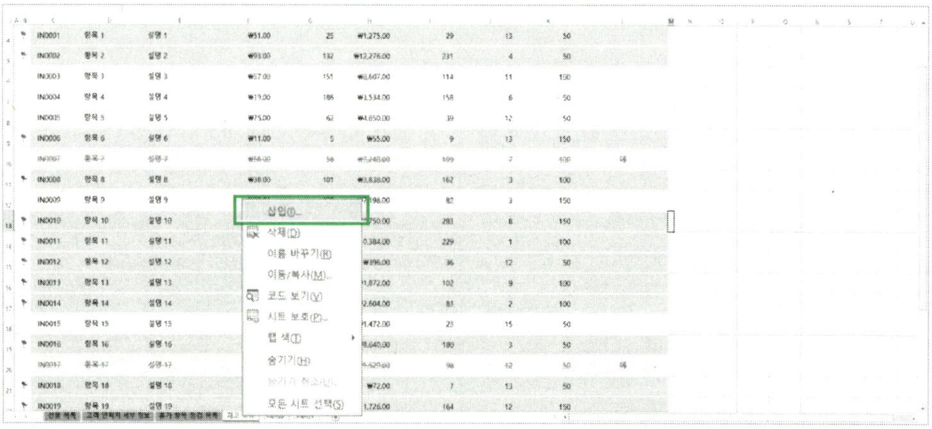

② 워크시트의 순서를 이동 시에는 워크시트명을 클릭 후 옮기고자 하는 곳으로 드래그 & 드롭을 한다.
또는 마우스 오른쪽 버튼 클릭 후 [이동/복사]를 클릭한다. 이동하고자 하는 위치의 뒤에 존재하는 워크시트를 클릭한다.

③ 원본을 그대로 두고 복사본을 이동하기 원하는 경우 아래 [복사본 만들기]를 체크한 후 '확인'을 누른다.

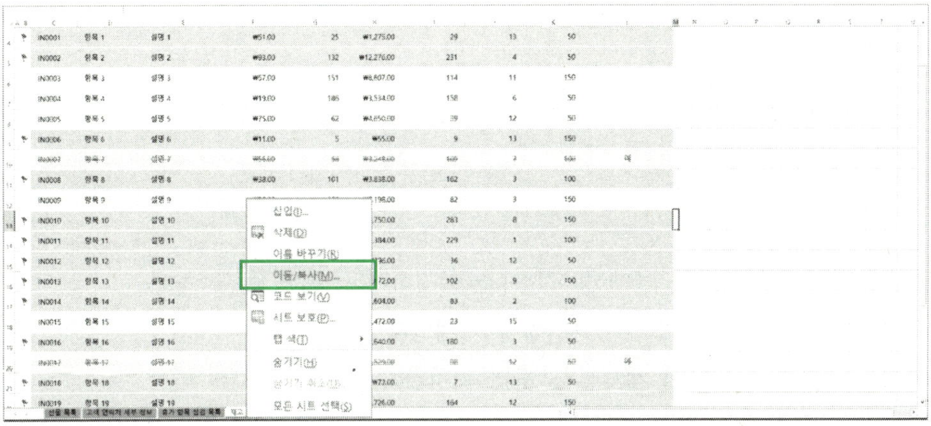

6) 새 통합 문서에 워크시트 복사하기

① 복사하고자 하는 원본 워크시트에서 마우스 오른쪽 버튼을 클릭 후 [이동/복사]를 클릭한다.

② [대상 통합 문서]를 열어 이동하고자 하는 파일을 클릭 후 위치에 맞게 '확인'을 누른다.

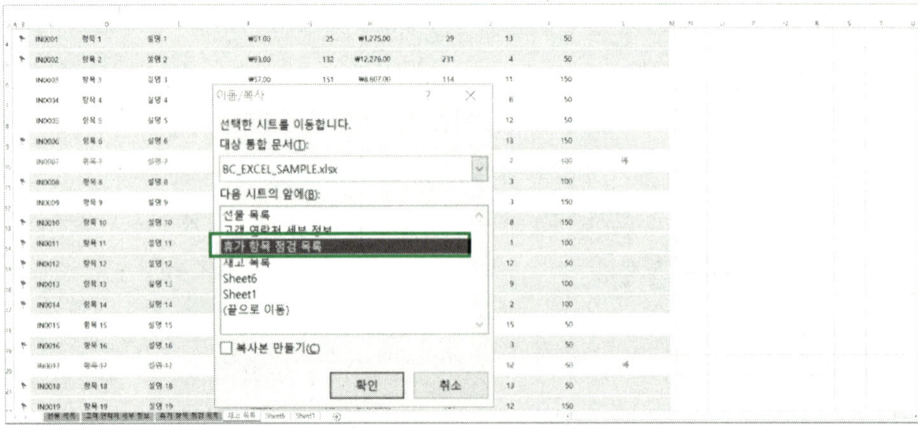

7) 통합 문서 저장하기

1. 빠른 실행 도구 모음에서 [저장]을 클릭하거나 Ctrl+S를 누른다.
2. 저장 위치를 지정한 후 파일명을 기재한다.
3. [저장]을 클릭하여 새로운 문서로 저장한다.

8) 저장 옵션 설정하기

[파일] – [옵션] – [저장]에서 설정한다.

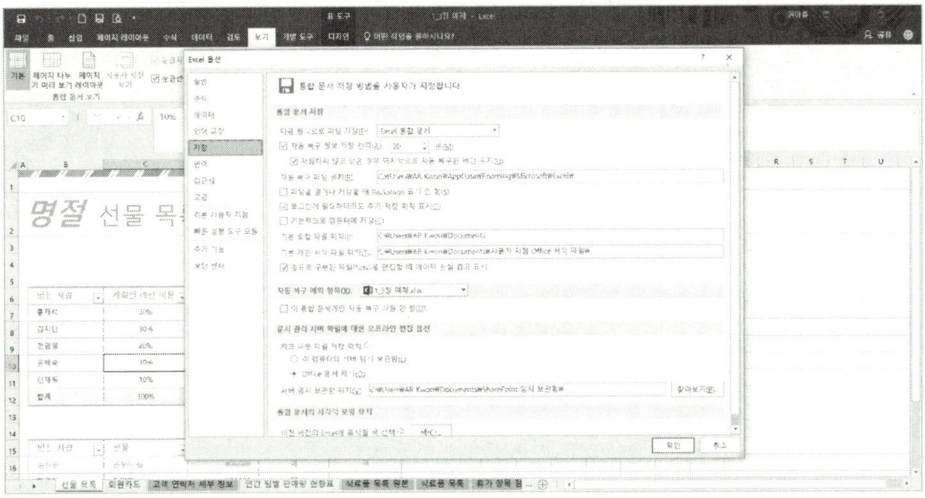

- **다음 형식으로 파일 저장** : 저장 형식을 지정하는 것으로 기본은 Excel 통합 문서이다.
- **자동 복구 저장 간격** : 자동으로 지정한 시간마다 임시 저장을 한다.

9) 통합 문서 읽기/쓰기 암호 및 자동으로 통합 문서 백업 파일 만들기

- [파일] – [정보] – [통합 문서 보호] – [암호 설정] 클릭 후 원하는 암호명을 입력한다.
- 암호를 잊게 되면 문서 복구가 어렵다.

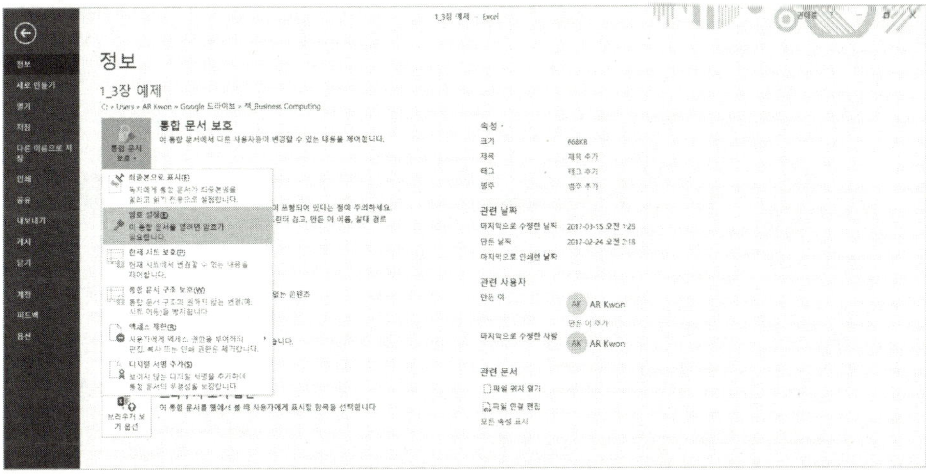

10) 시트 보호하기

- [파일]–[정보]–[통합 문서 보호]–[시트 보호하기]를 클릭한다.
- 워크시트에서 데이터 수정을 허용하거나 잠금을 선택할 수 있다.

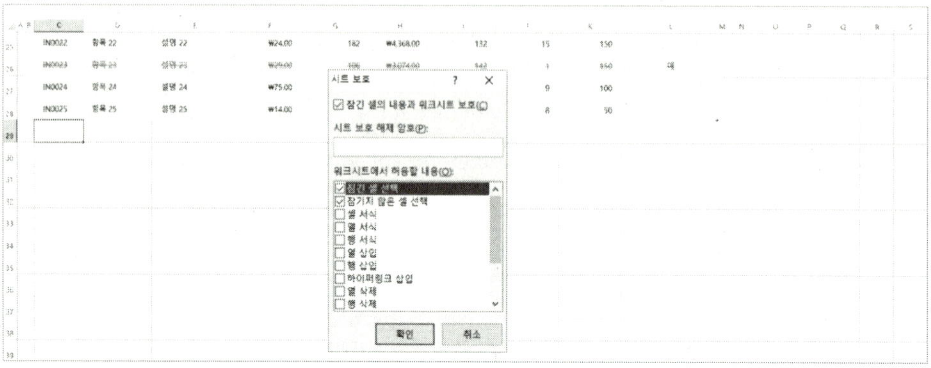

[연습시트 : 2장 예제–시트명 '재고 목록']

11) 셀 전체 잠그기/해제하기/일부 셀 잠그기

1 잠그고자 하는 셀의 전체 또는 일부를 선택한 뒤 [검토] 탭의 [시트 보호]를 클릭한다.

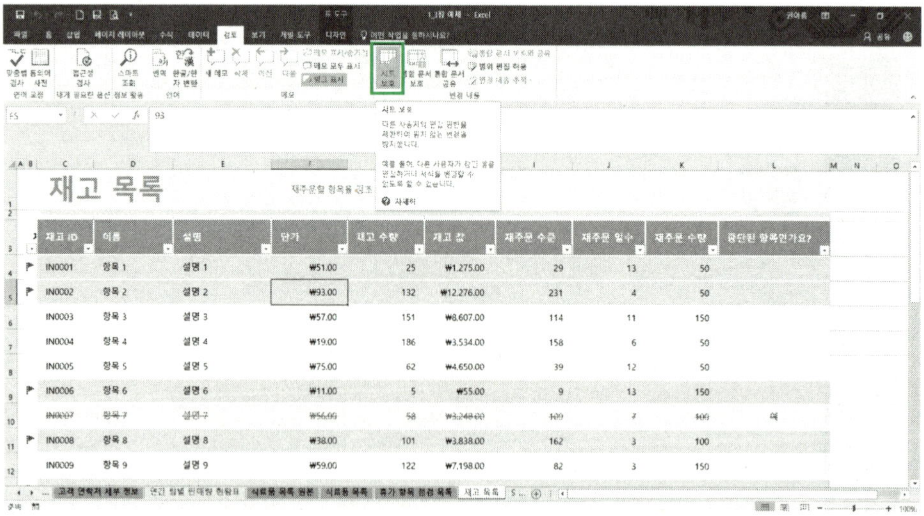

② 암호를 지정하고 '완료'를 누른다.
시트 보호를 설정하고 난 뒤에는 보호된 시트 내의 셀을 수정/삭제할 수 없다.
③ 해제를 원할 경우 [검토] 탭의 [시트 보호 해제]를 클릭한다.

12) 잠긴 셀 확인하기

• 셀을 잠근 후 데이터를 입력하려고 하면 다음과 같은 팝업창이 뜬다.

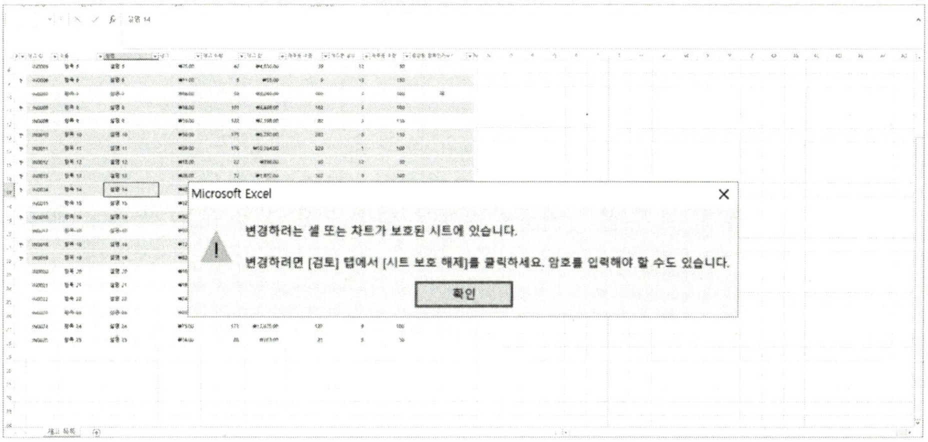

4 창 관리하기

[연습시트 : 2장 예제 – 시트명 '휴가 항목 점검 목록']

1) 새 창 띄워 나란히 보기

[보기] – [창] – [새 창]을 클릭하여 작업 중인 문서를 새 창에 띄울 수 있다.

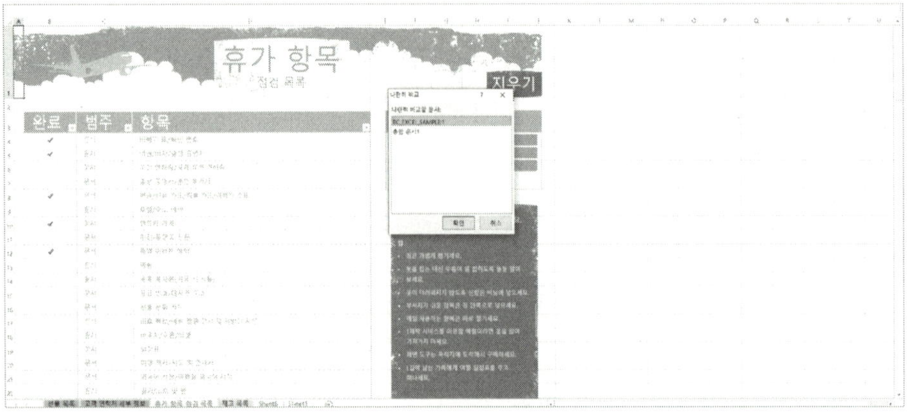

2) 나란히 정렬하기

[보기]에서 [나란히 보기]를 클릭하면 원하는 파일을 위/아래 또는 좌/우로 배열하여 볼 수 있다.

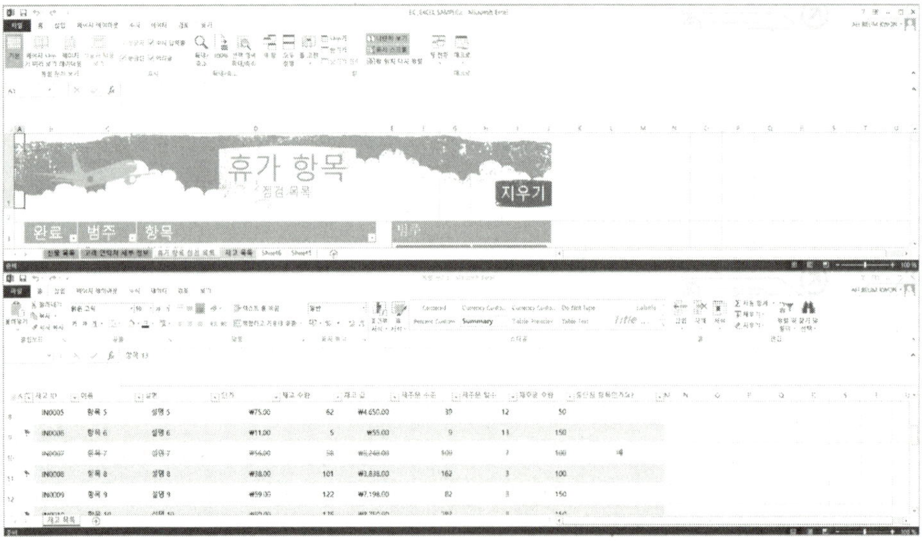

3) 창 정렬 변경하기

[모두 정렬]을 클릭 후 가로/세로 원하는 형태로 창 정렬을 변경할 수 있다.

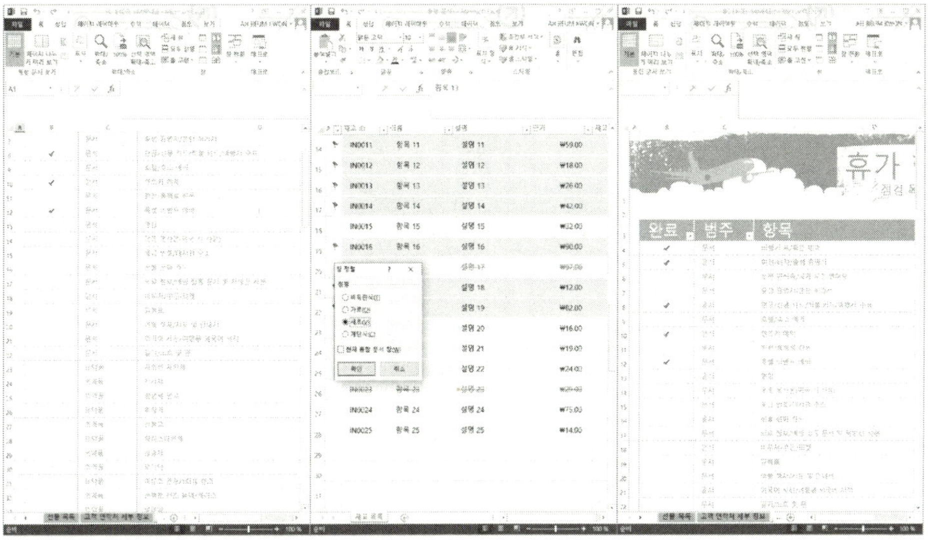

[연습시트 : 2장 예제 – 시트명 '재고 정보']

4) 틀 고정하기/틀 고정 취소하기

데이터의 양이 많은 경우 데이터 상단을 고정하여 사용한다.

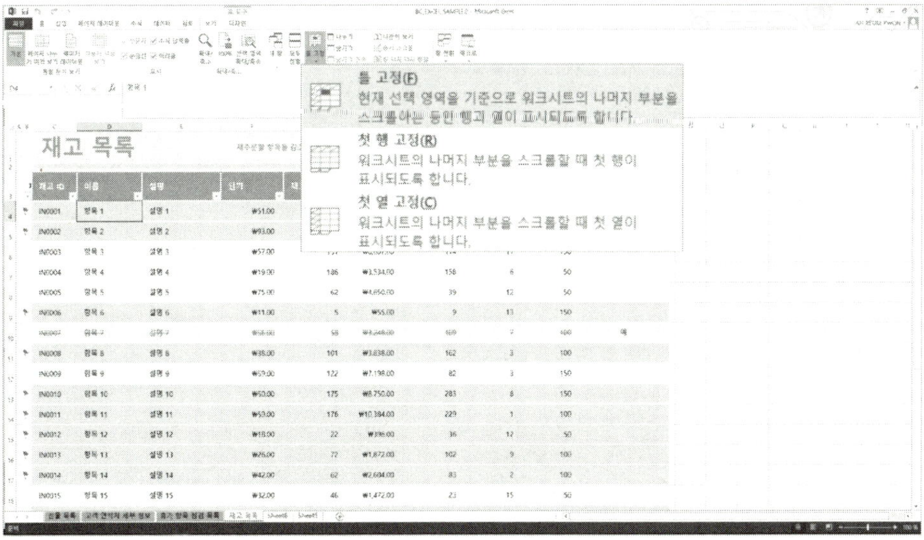

- **틀 고정** : 클릭한 셀을 기준으로 위의 행과 왼쪽의 열이 고정된다.

- **첫 행 고정** : 첫 행 부분만 고정되고 나머지 부분은 스크롤 가능하다.
- **첫 열 고정** : 첫 열 부분만 고정되고 나머지 부분은 스크롤 가능하다.

[연습시트 : 2장 예제 – 시트명 '고객 연락처 세부 정보']

5) 창 나누기

- 클릭한 셀을 기준으로 개별적인 두 개의 창으로 나눌 수 있다.
- 오른쪽 창은 스크롤바로 이동 가능하다.
- 취소 시에는 나누기를 다시 클릭한다.

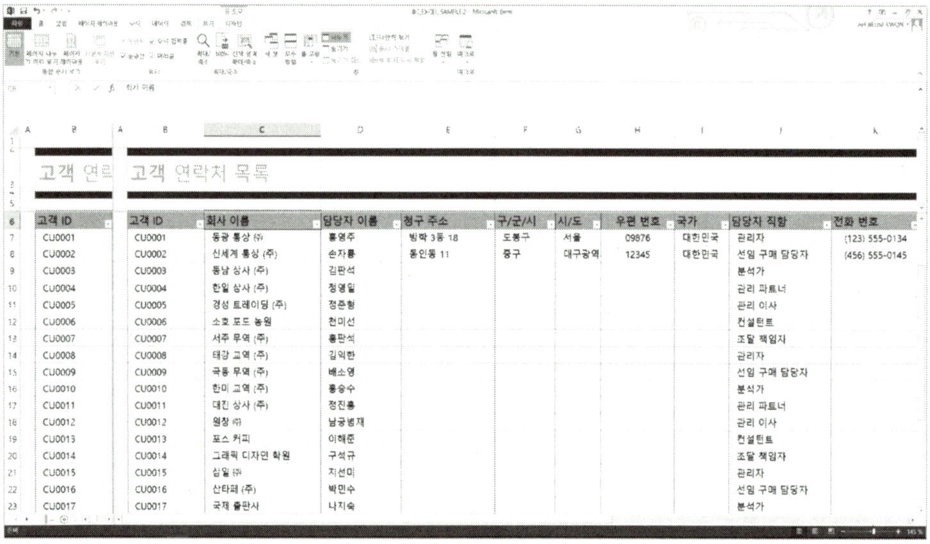

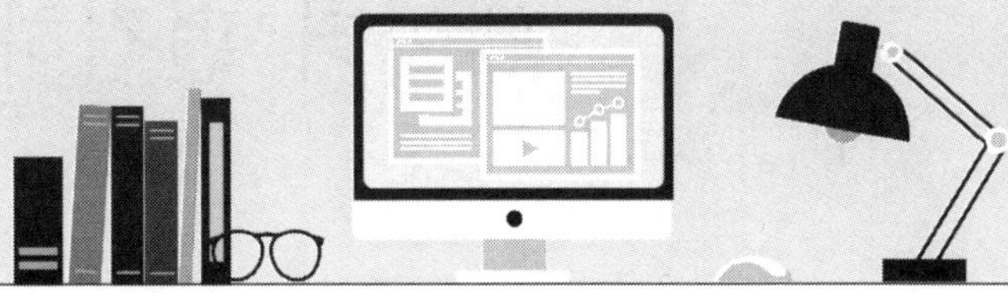

Chapter

03

데이터 편집하기

1. 데이터 입력하기
2. 데이터 편집하기
3. 데이터 유효성 검사하기

03 데이터 편집하기

Chapter

1 데이터 입력하기

[연습시트 : 3장 예제 – 시트명 '회원카드']

1) 문자 입력하기

한글, 영문, 일본어, 한자, 특수문자 등 계산할 수 없는 데이터를 말하며, 문자와 숫자가 하나의 셀 안에 혼용되어 있어도 문자로 취급한다. 왼쪽 정렬을 기본으로 하며, 셀의 열 너비보다 문자의 길이가 길면 오른쪽 셀을 넘어서 표시된다. 입력한 숫자 데이터를 문자로 인식시키려면 숫자 앞에 "'"를 입력한다.

2) 숫자 입력하기

숫자, 시간, 날짜와 같이 계산할 수 있는 데이터를 말하며 오른쪽 정렬을 기본으로 한다. 통화기호($, ₩, ¥), 백분율(%), 양/음수(–), 소수점(.), 콤마(,), 괄호(())와 함께 사용할 수 있다. 숫자의 길이가 열 너비보다 길면 #으로 표시된다. 분수를 표현하려면 0을 입력한 후 한 칸 띄우고 1/4을 입력하면 된다. (ex 0 1/4)

3) 날짜 입력하기

- 날짜 입력 시에는 정해진 형식에 맞추어 입력해야 한다. 슬래시(/)나 하이픈(–)을 구분 기호로 사용한다. 년–월–일 또는 년/월/일의 형태로 입력한다.

- 현재 날짜 입력 시에는 Ctrl+;를 입력한다.

4) 시간 입력하기

- 시간 입력 시에는 구분 기호를 콜론(:)으로 구분한다(시:분:초). 시간을 입력한 후 한 칸을 띄우고 AM 또는 PM을 입력하면 12시간제로 표시되고, 입력하지 않으면 24시간제로 표시된다.
- 현재 시간 입력을 원할 때에는 Ctrl+Shift+;를 입력한다.

5) 한자 입력하기

한글을 입력 후 [한자]를 누르거나 [검토]－[언어]에서 한글/한자 변환기능을 이용한다. 반대로 한자를 한글로 입력할 때도 [한자]를 누르거나 한글/한자 변환기능을 이용한다.

6) 특수문자 입력하기

특수문자 입력 시에는 [삽입]－[기호]에서 특수문자를 입력하면 된다.

2 데이터 편집하기

[연습시트 : 3장 예제－시트명 '고객 연락처 세부 정보']

1) 데이터 수정하기

셀 안의 데이터 수정을 원하는 경우 셀을 더블클릭하거나 또는 F2를 눌러 입력한다.

ex E6의 청구 주소를 '청구지 주소'로 변경한다.

2) 셀에 숫자 입력하여 연속 데이터 채우기

① [B7]에 숫자를 입력 후 셀 우측 하단에 + 표시가 나타나면 더블클릭한다.

② 자동 채우기를 이용하여 [B33]까지 입력한다.

3) 서식 지우기

① [N7]에 "2017–03–14"를 입력한 뒤 자동 채우기 핸들로 [N33]까지 적용한다.

② [N7]부터 [N33]까지 드래그로 범위를 지정한 다음 [홈]–[편집]–[지우기]–[서식 지우기]를 선택한다. 적용된 날짜 서식이 지워져서 숫자만 나타난다.

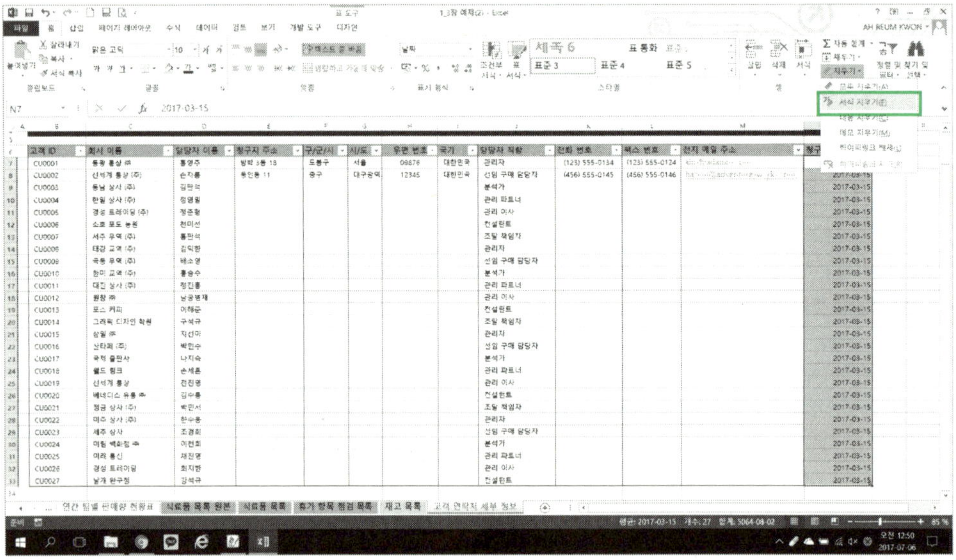

4) 테두리 그리기 및 데이터 가운데 정렬하기

테두리를 그릴 범위를 정한 다음 [홈]–[글꼴]–[테두리]–[굵은 상자 테두리]를 선택한다. 표의 상단을 선택 후 [맞춤]–[가운데 맞춤]으로 정렬한다.

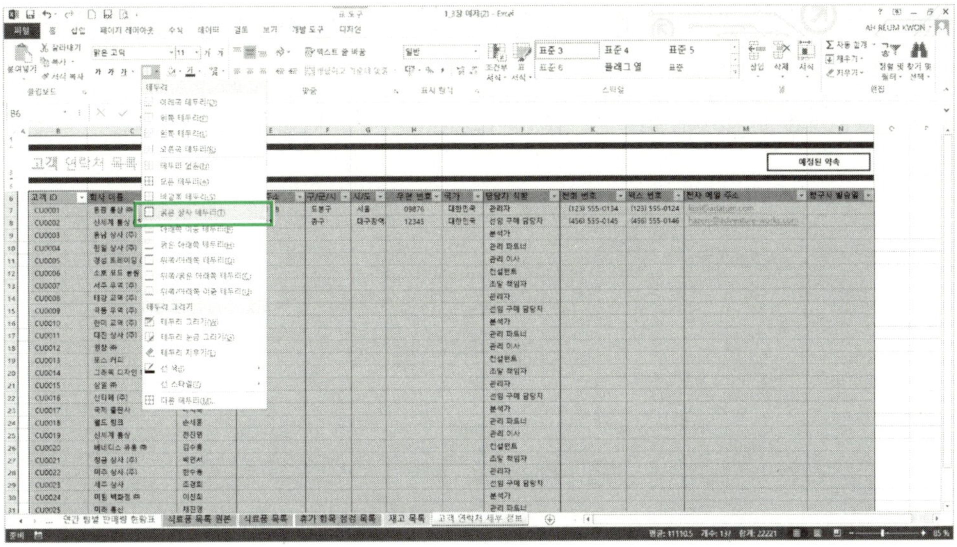

5) 찾기 및 바꾸기

① Ctrl+F를 누른 다음 찾고자 하는 검색어를 입력한다.

② 바꾸기를 원하는 경우 [바꾸기] 탭에서 찾을 내용과 바꿀 내용을 입력한다.

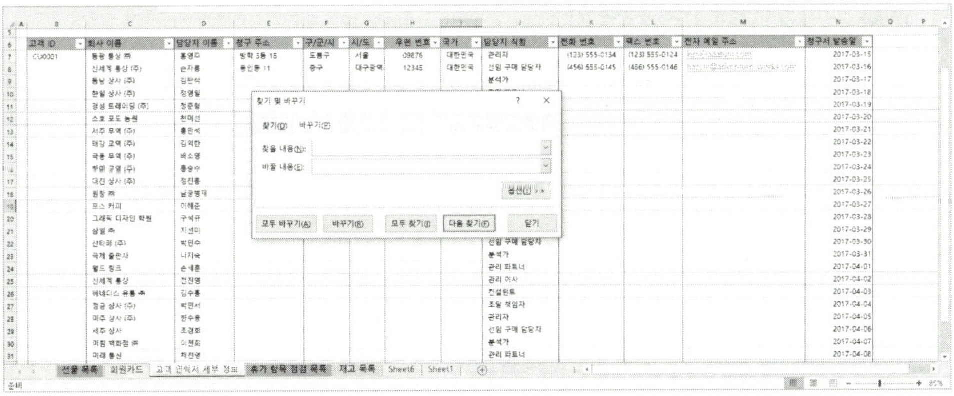

6) 사용자 지정 목록을 활용한 데이터 채우기

① [N7:N33]까지 드래그하여 범위를 지정한 뒤 마우스 오른쪽 버튼을 클릭하여 [셀 서식]을 선택한다.

② 표시 형식에서 사용자 지정을 설정한 후 형식을 "mm–dd–yyyy"를 수기로 기입 후 '확인'을 누른다.

③ 표의 내용에 날짜가 월–일–연도의 순으로 모두 변경된 것을 확인할 수 있다.

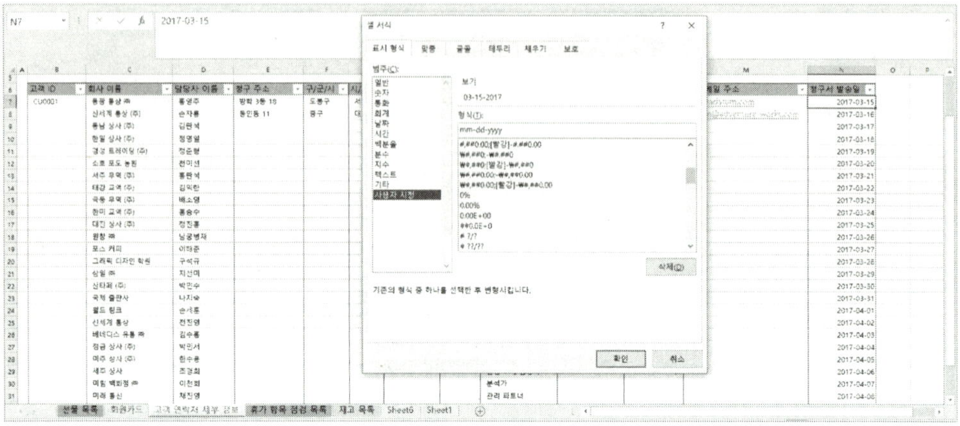

[연습시트 : 3장 예제 – 시트명 '연간 팀별 판매량 현황표']

7) 문자 + 숫자 데이터 채우기

① 판매 1팀에서 채우기 핸들을 드래그하여 [A19]까지 내린다. 문자는 그대로 유지되고 1, 2, 3, 4팀의 순서대로 나열된다.

② 분기에서도 1사분기에서 채우기 핸들을 이용하여 [B19]까지 내린다.

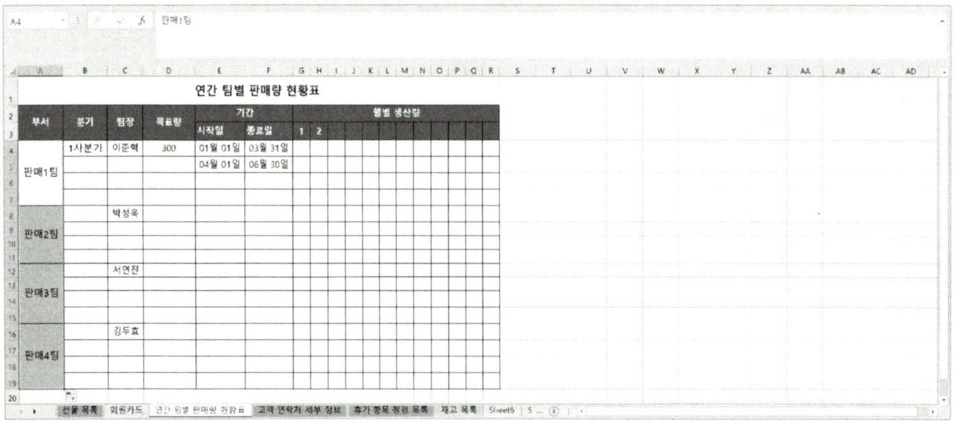

8) 문자 채우기

① 팀장 이준혁에서 채우기 핸들을 이용하여 [C7]까지 입력한다.

② 마찬가지로 각 팀의 팀장 이름을 채우기 핸들을 이용하여 입력한다.

9) 숫자 채우기

[G3:H3]을 범위 지정한 후 가로로 드래그하여 [R3]까지 월을 입력한다.

10) 날짜 채우기

① [E4:F4]까지 범위를 지정하고 [F19]까지 채우기 핸들을 이용하여 입력한다.

② 시작일과 종료일의 기간 차이만큼 증가하며 자동 채우기가 실행된다.

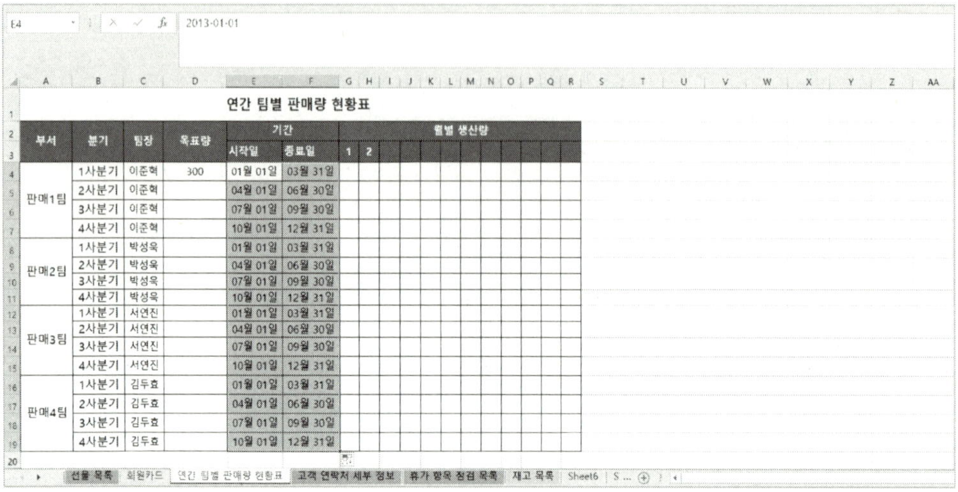

3 데이터 유효성 검사하기

[연습시트 : 3장 예제 – 시트명 '식료품 목록']

1) 목록으로 데이터 유효성 검사 설정하기

① [E5:E22]까지 범위를 설정한 뒤 [데이터]–[데이터 유효성 검사]를 선택한다.

② 제한 대상을 목록으로 수정하고, 원본에서 상점에 해당하는 목록[$P$6:$P:$10]을 범위에 입력 또는 드래그한다.

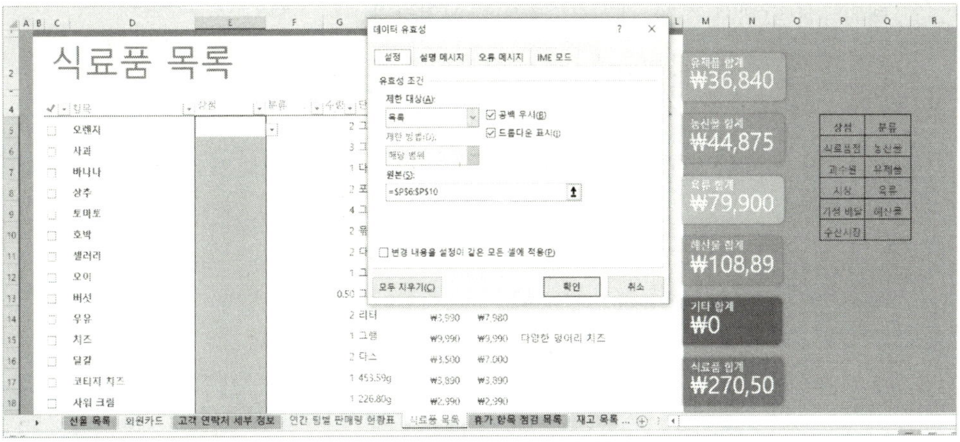

2) IME 모드 한글/영문으로 설정하기

1. [D5:D22] 범위를 설정 후 [데이터]-[데이터 유효성 검사]를 선택한다.
2. 탭에서 [IME 모드]를 누른 후 모드를 한글로 설정한다. 이때 해당 셀에서는 한글만 기입할 수 있다.

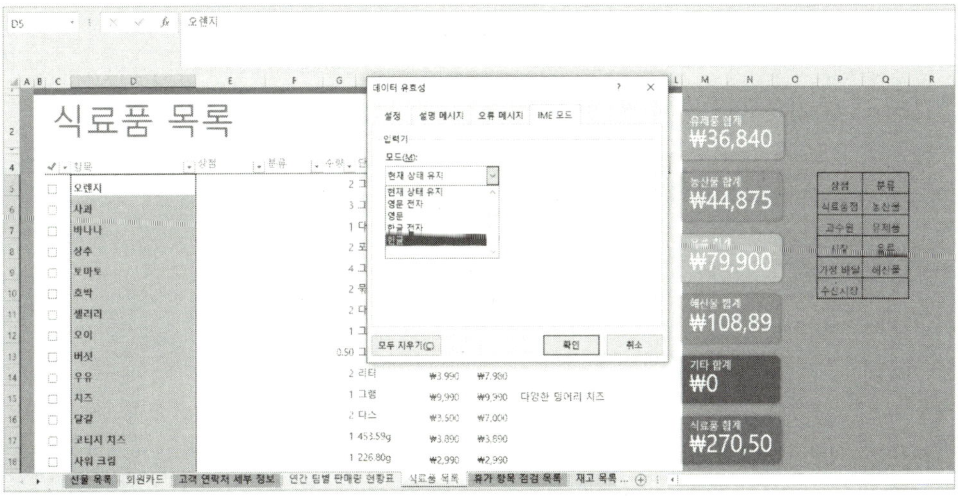

3) 정수로 데이터 유효성 검사 설정하기

1. [G5:G22]의 범위를 설정 후 [데이터]-[데이터 유효성 검사]를 선택한다.

② 탭의 [설정]에서 제한 대상을 정수로 설정한다.

- 제한 방법은 해당 범위로 0에서 50까지만 설정한다.
- 해당 범위의 셀에서는 0~50 사이의 개수만 기입할 수 있다.
- 각각의 설정한 데이터의 값을 벗어나 입력 시에는 오류 경고창이 뜨게 된다.

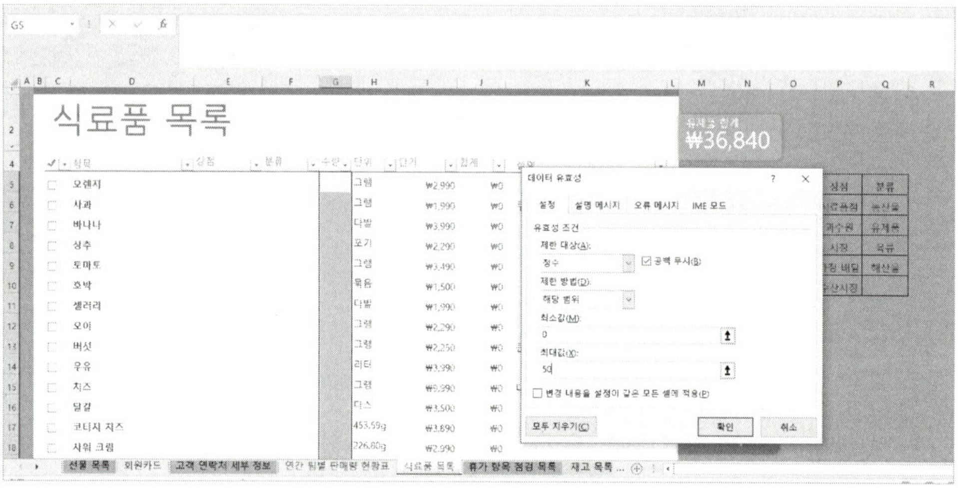

4) 데이터값에 설명 메시지 입력하기

① [G5:G22]의 범위를 설정 후 [데이터]–[데이터 유효성 검사]를 선택한다.

② 탭의 [설명 메시지]에서 "0에서 50개 사이의 수량 설정 가능"이라고 기재한다.

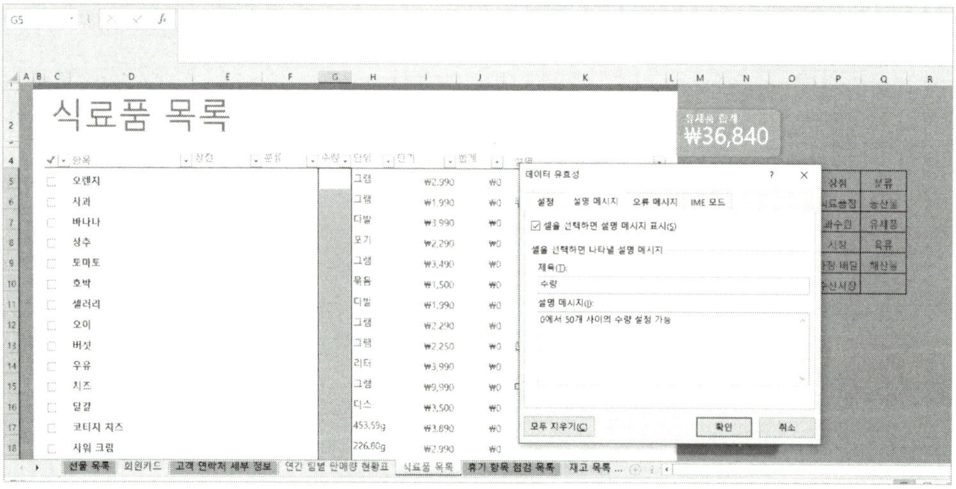

③ '확인'을 누르고 수량에 커서를 가져가면 아래와 같이 메모가 뜬다.

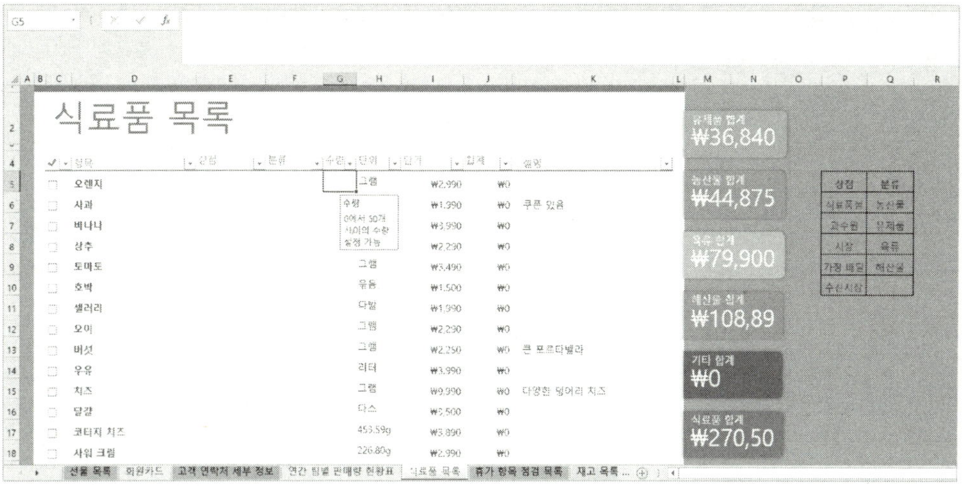

5) 날짜/시간으로 데이터 유효성 검사 설정하기

① 구입 날짜와 유통기한을 오른쪽 여백에 기재한 후, [K5:K22]의 범위를 지정한다.

② [데이터]-[데이터 유효성 검사]를 선택 후 제한 대상을 날짜로 설정한다.

③ 시작 날짜와 끝 날짜를 오른쪽 여백에 기재한 날짜로 지정 후 F4를 눌러 고정시킨다.

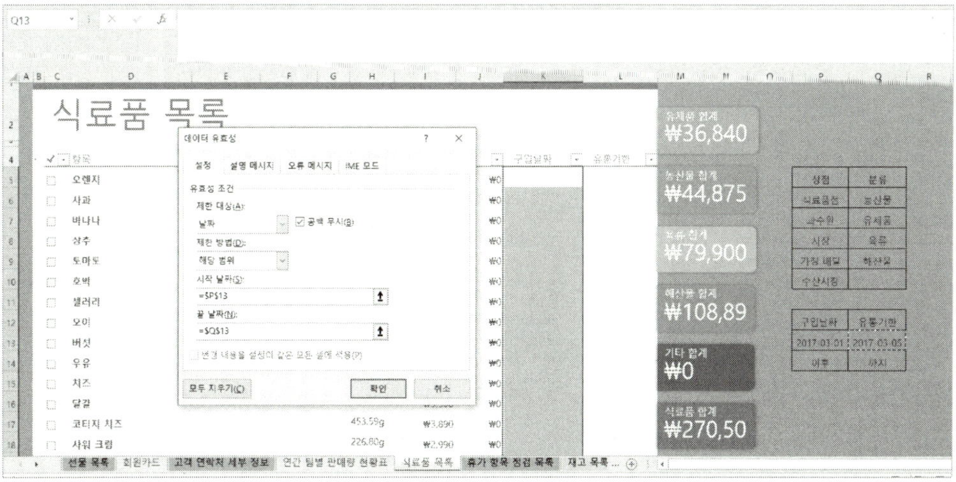

6) 유효성 검사 완성하기

유효성 설정을 모두 끝낸 후 제한된 조건 이외의 값을 기재하려고 하면 아래와 같이 오류 경고창이 나타나게 된다.

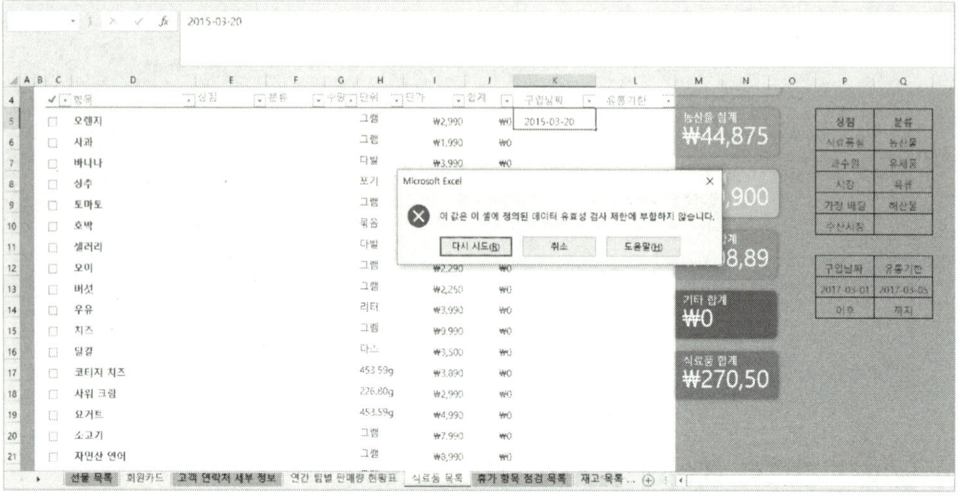

Chapter

04

문서 꾸미기

1. 표 서식, 셀 스타일, 테마 사용하기
2. 기본 서식 지정하기
3. 조건부 서식 지정하기
4. 페이지 레이아웃 설정 및 인쇄하기

Chapter 04 문서 꾸미기

1 표 서식, 셀 스타일, 테마 사용하기

1) 표의 기능과 구조

❶ 표 영역 : 표 전체 범위를 의미한다.

❷ 열 머리글 : 표의 첫 열에 해당되는 머리글을 의미한다.

❸ 데이터 영역 : 표의 열 머리글과 데이터 영역을 제외한 데이터 전체 범위를 의미한다.

❹ 요약 행 : 표의 마지막 행을 의미한다.

❺ 계산 열 : 표 안의 데이터와 수식을 이용한 계산된 열을 의미한다.

❻ 표 크기 조정 핸들 : 표 오른쪽 맨 아래에 있는 핸들을 의미한다.

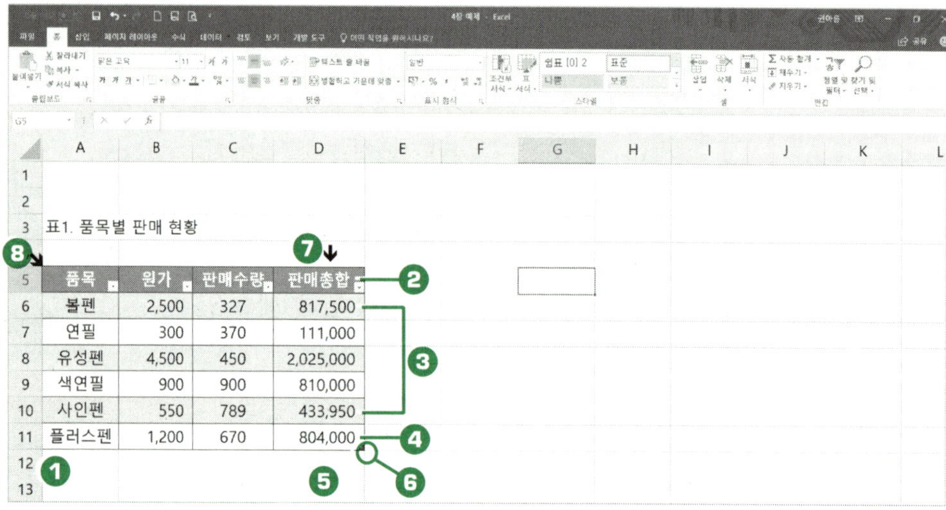

❼ **행/열 범위 지정** : 행 1, 2, 3 … 또는 열 A, B, C …에 마우스 포인터를 위치한 후 마우스 포인터가 화살표(🡇) 모양이 될 때 클릭하면 제목을 제외한 행 또는 열 전체 선택이 가능하다.

❽ **전체 범위 지정** : 마우스 포인터 모양이 45도 화살표 모양(🡖)이 될 때 클릭하면 표 전체가 선택된다.

[연습시트 : 4장 예제 – '품목별 판매현황']

2) 빠른 분석 도구로 표 적용하기

1 셀 [A5]를 선택하고 Ctrl+A를 눌러 전체 범위를 지정한다.

2 마우스 오른쪽 버튼의 [빠른 분석]을 클릭한다.

3 빠른 분석 도구에서 표 메뉴를 선택하여 지정한 범위에 표 서식을 적용한다.

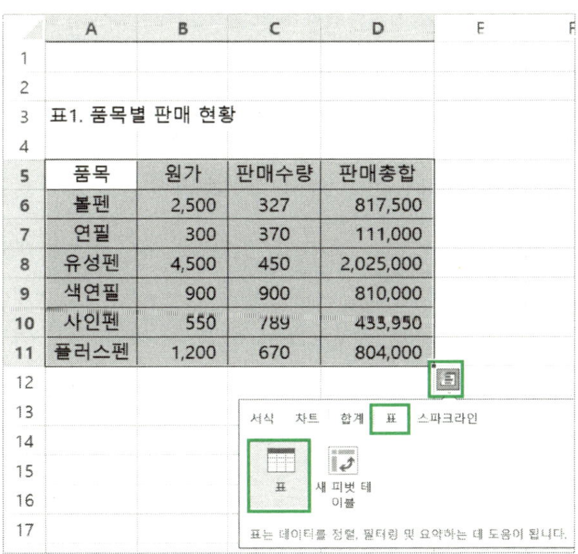

3) 표 스타일과 옵션 변경하기

1 표에서 임의의 셀을 클릭한다.

2 [디자인]–[표 스타일 옵션]에서 [요약 행], [마지막 열]을 추가로 체크한다.

③ [표 스타일] 목록 [자세히]를 클릭한 후 [보통] 영역의 [표 스타일 보통 6]을 선택한다.

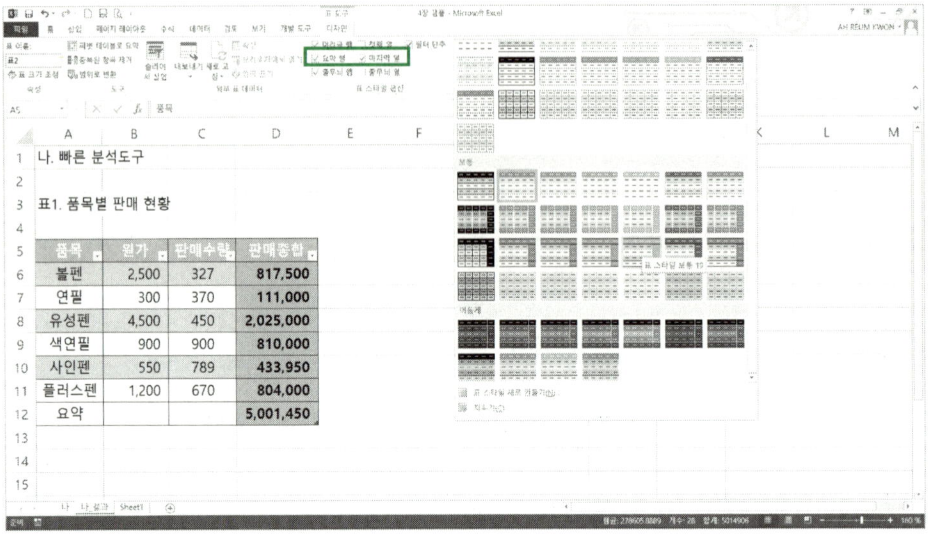

4) 데이터 입력할 행 추가하기

① [D11]을 선택한 후 Tab을 누른다.

② 범위의 마지막 셀에서 Tab을 누르면 자동으로 행이 추가된다.

5) 추가된 셀 데이터 입력하기

[A12:D12] 영역에서 각각 “샤프, 2000, 150”을 입력한다.

표1. 품목별 판매 현황

품목	원가	판매수량	판매총합
볼펜	2,500	327	817,500
연필	300	370	111,000
유성펜	4,500	450	2,025,000
색연필	900	900	810,000
사인펜	550	789	433,950
플러스펜	1,200	670	804,000
샤프	2,000	150	300,000
요약			5,301,450

6) 제목 스타일 변경하기

1 [A3:D3] 영역을 범위로 지정하고 [홈]−[맞춤] 그룹에서 [병합하고 가운데 맞춤]을 선택한다.

2 [스타일] 그룹에서 [셀 스타일]을 클릭한 후 [제목 및 머리글] 영역의 [제목]을 선택해서 스타일을 변경한다.

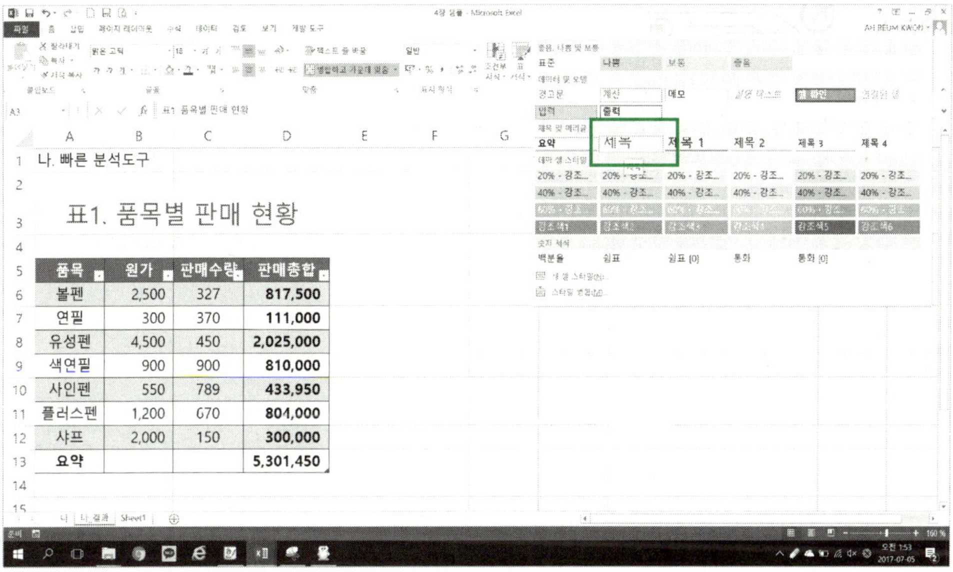

7) 셀 스타일 변경하기

1 [A13:D13] 영역을 범위로 지정한 다음 [스타일] 그룹에서 [셀 스타일]을 클릭한다.

2 [숫자 서식] 영역에서 [쉼표]를 선택한다.

tip [쉼표] : 소수 둘째 자리까지 표시됨, [쉼표[0]]는 정수로 표시된다.

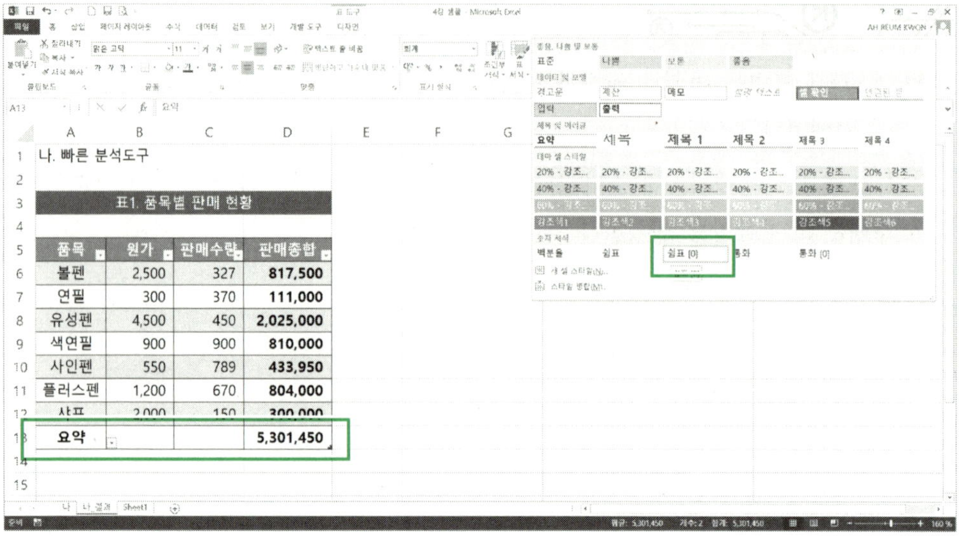

8) 테마 활용하기

1 임의의 셀을 선택하고 [페이지 레이아웃]-[테마] 그룹에서 [테마]를 선택한다.

2 스크롤을 내려 [시차]를 선택한다.

3 표 스타일과 글꼴 서식이 자동으로 변경된다.

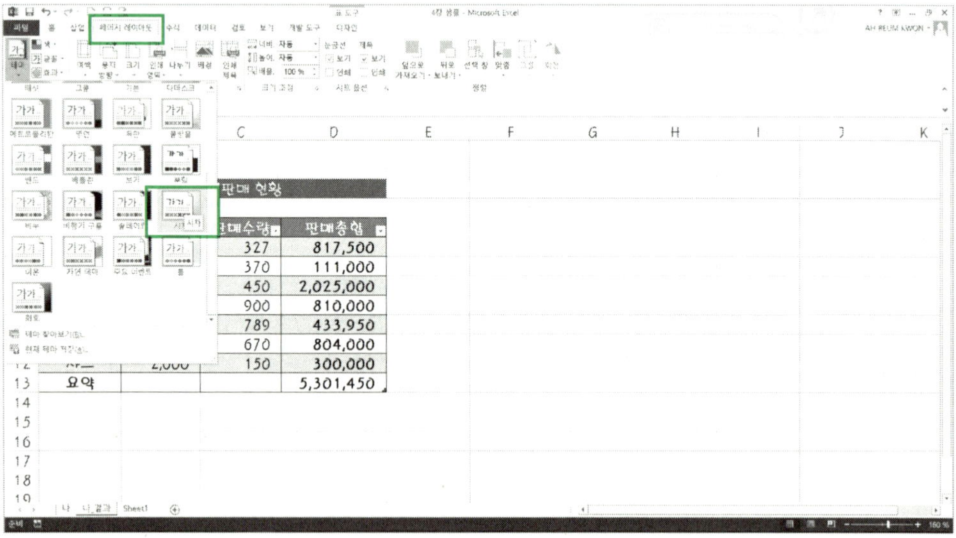

2 기본 서식 지정하기

[연습시트 : 4장 예제 – 시트명 '견적서']

1) 셀 병합하고 가운데 맞추기

1 해당 범위를 지정한다.

범위 지정 시

- Ctrl 누른 상태+클릭 : 원하는 셀만 클릭 가능하다.
- 셀 클릭+Shift 누른 상태+다시 클릭 : 처음 클릭한 셀과 두 번째 클릭한 셀까지 연결되어 선택 가능하다.

2 [홈]–[맞춤] 그룹에서 [병합하고 가운데 맞춤]을 클릭한다.

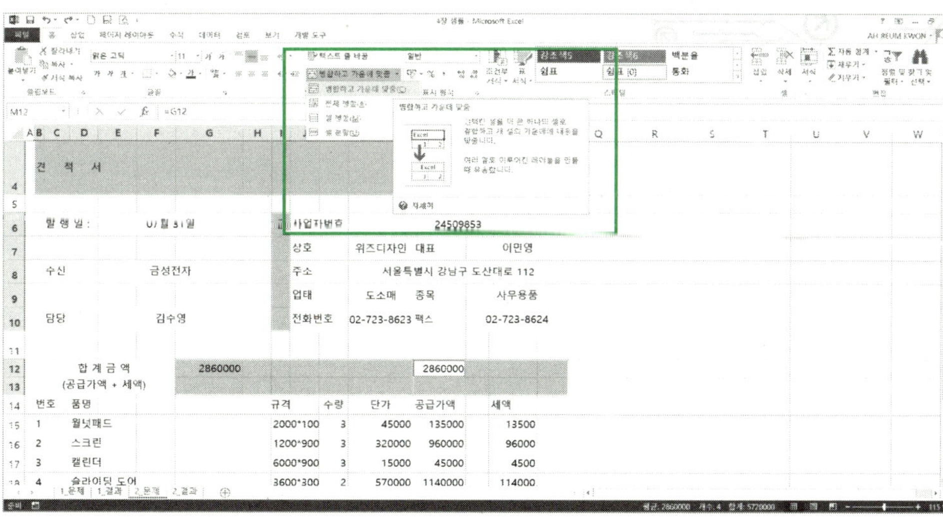

2) 셀 전체 병합하기

1 Ctrl을 누른 상태에서 해당하는 범위를 지정한다.

② [홈]-[맞춤] 그룹에서 [병합하고 가운데 맞춤]의 목록을 클릭 후 [전체 병합]을 선택한다.

③ 전체 병합은 지정된 셀 범위를 각각 행 단위로 병합한다.

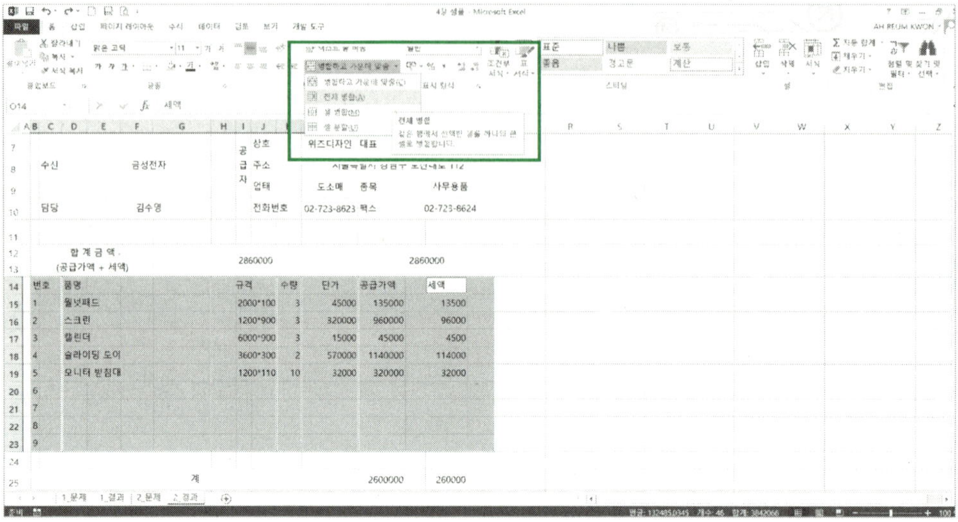

3) 글꼴 서식 지정하기

[B4] 셀을 선택하고 [홈]-[글꼴] 그룹에서 글꼴 크기를 [20]으로 설정하고 [굵게]를 설정한다.

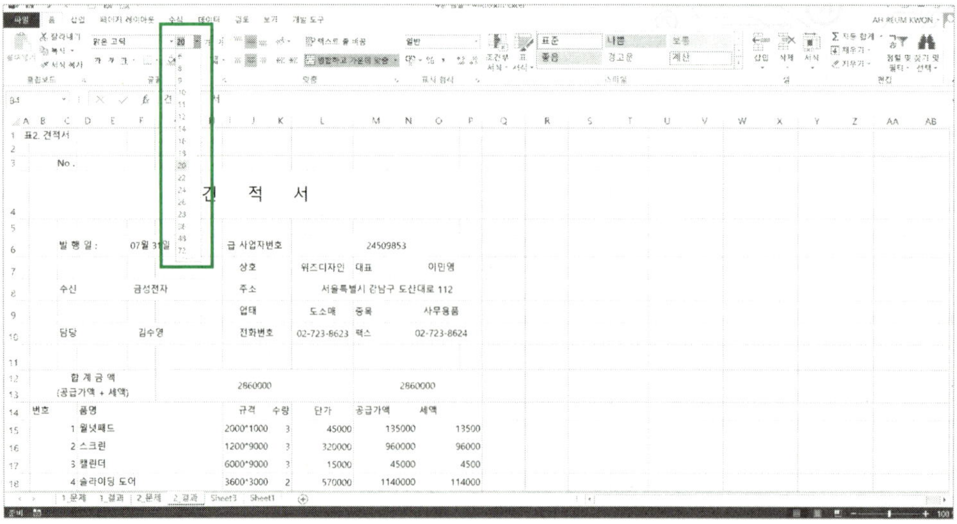

4) 셀 가운데 맞춤 서식 지정하기

① [B14:P14], [B15:B24] 영역을 범위로 지정한다.

② [홈]–[맞춤] 그룹에서 [가운데 맞춤]을 클릭해서 가운데 정렬한다.

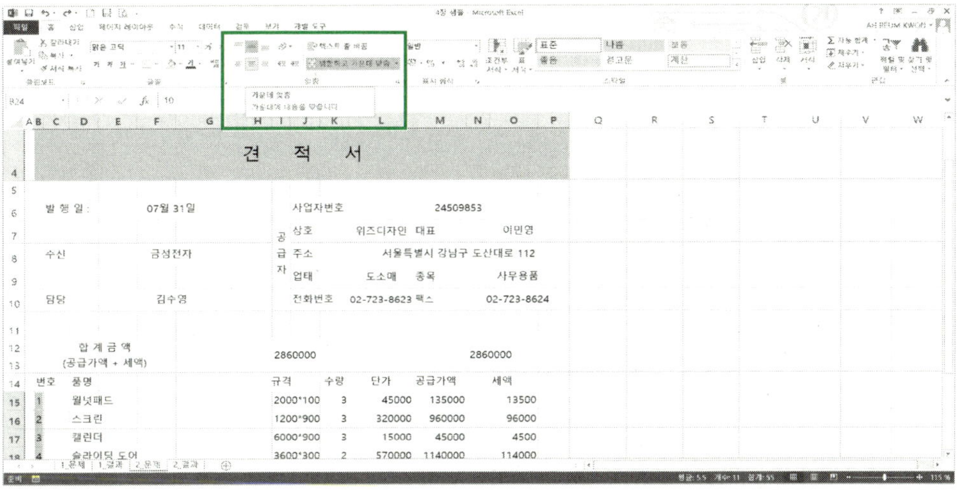

5) 텍스트 서식 지정하기

① [C6:C10], [J6:J10] 영역과 [M7], [M9], [M10] 셀을 범위로 지정한다.

② [홈]–[맞춤] 그룹에서 [대화상자 표시]를 클릭한다.

③ [맞춤] 탭을 클릭 후 [균등분할(들여쓰기)]을 선택한다.

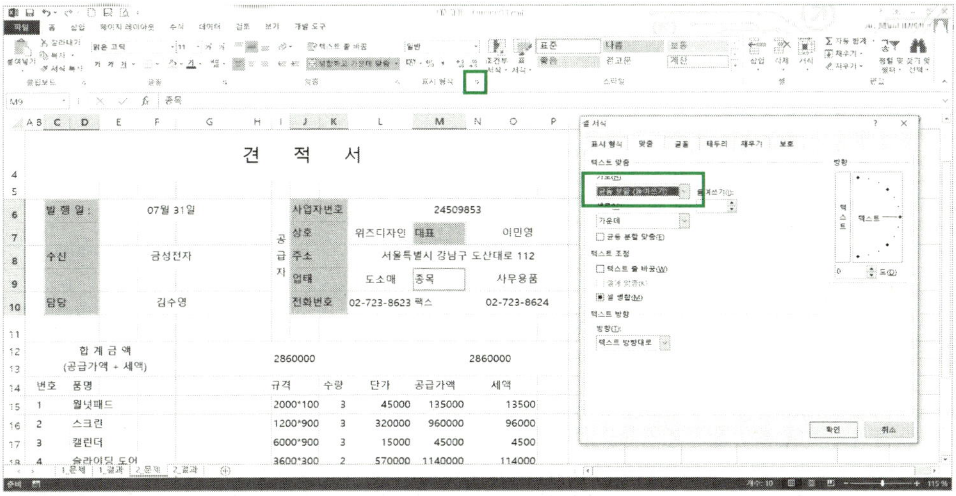

6) 셀 맞춤 서식 지정하기

1 셀 전체를 선택하고 셀 서식에서 [셀에 맞춤] 체크한다.

2 적용되지 않은 경우에 [텍스트 줄 바꿈]에 체크 표시 해제 후 다시 [셀에 맞춤] 체크한다.

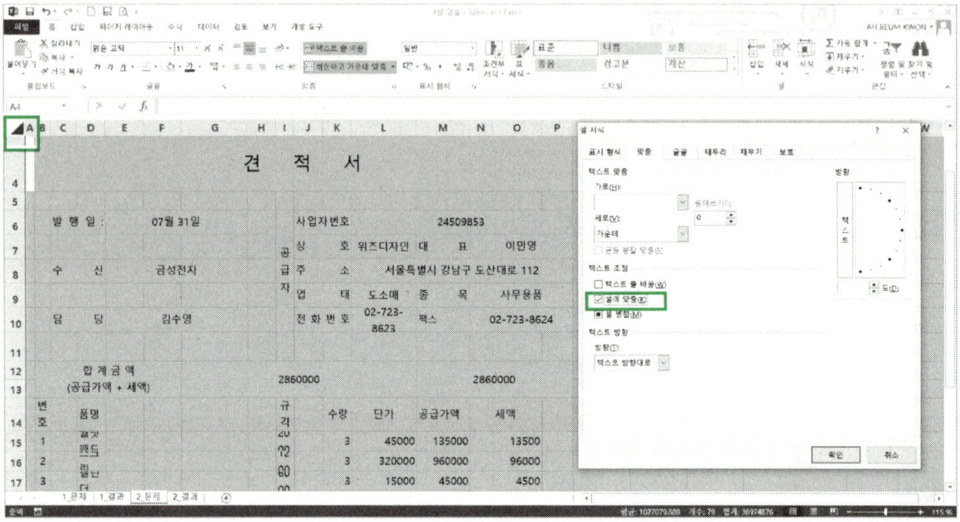

7) 테두리 설정하기

1 No, 발행일, 수신, 담당 부분 셀 서식은 [굵은 아래쪽 테두리]를 선택한다.

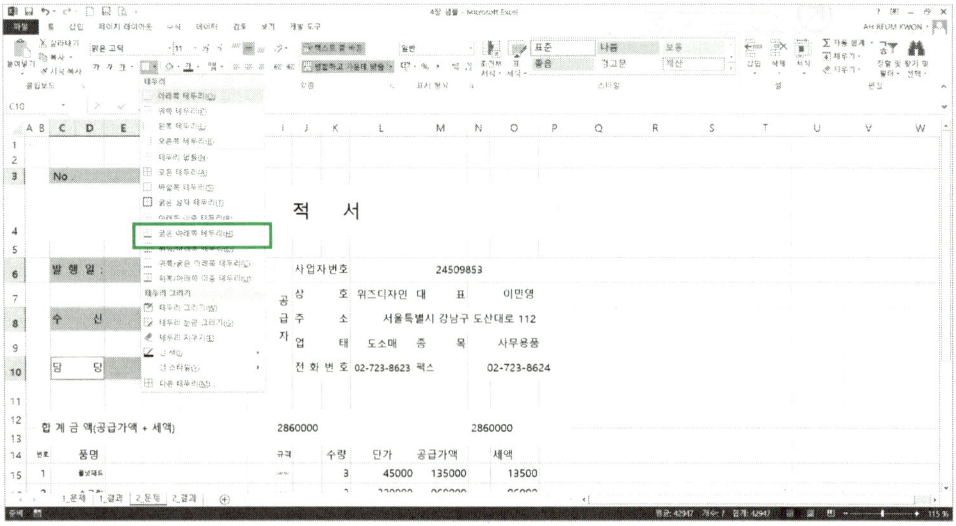

② 공급자, 합계금액 셀 서식은 [굵은 상자 테두리]를 선택한다.

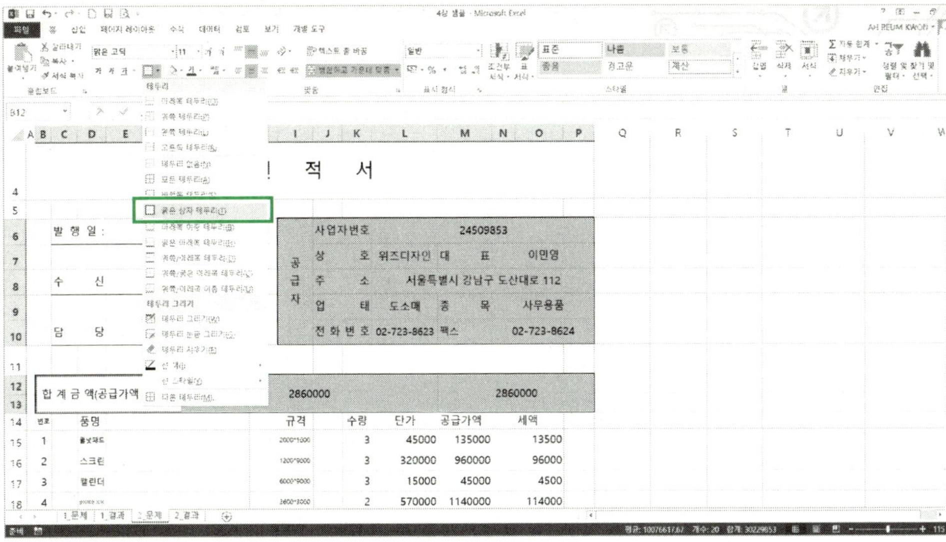

셀 테두리 설정 방법

1. 셀 선택 후 마우스 오른쪽 클릭 후 [셀 서식]–[테두리 탭]으로 이동
2. 선 스타일을 먼저 고른 후 원하는 셀 모양을 클릭 후 '확인'

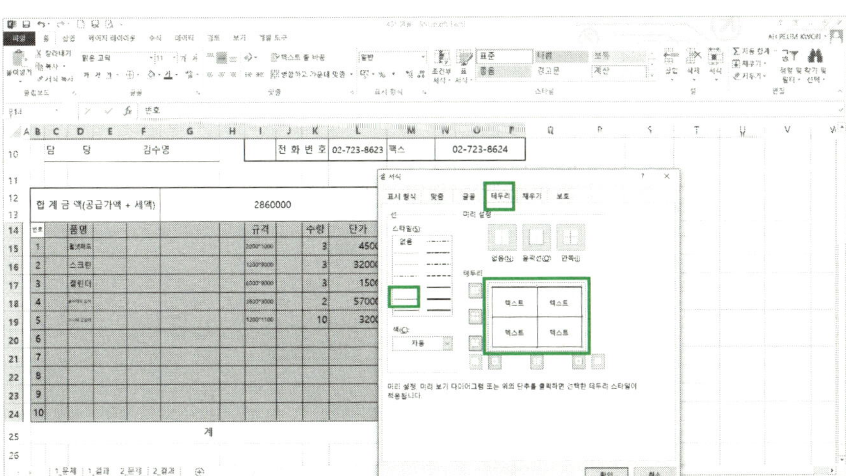

8) 셀 채우기 색 설정하기

사업자번호, 상호, 대표, 주소, 업체, 종목, 전화번호, 팩스 셀을 선택 후 [채우기] 색 목록으로 [녹색 강조6], [60% 더 밝게](두 번째)를 선택한다.

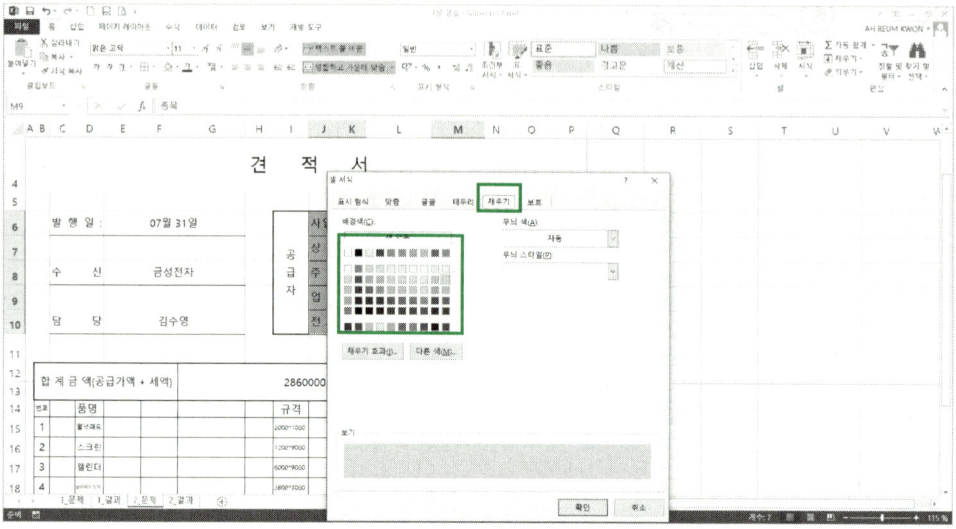

9) 셀 서식 – 날짜 표시 형식

[E6] 셀을 클릭한 후 [홈]–[표시 형식] 그룹에서 간단한 날짜 선택해서 형식을 년–월–일 형태로 바꾼다.

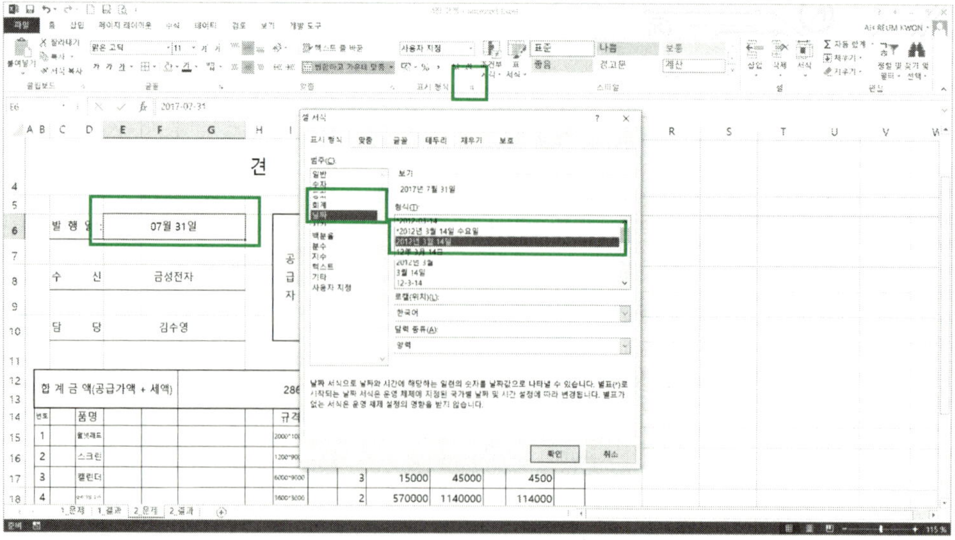

10) 셀 서식 - 숫자 표시 형식

수정, 단가, 공급가액, 세액, 계 총액 부분을 선택한 후 셀 서식에서 [숫자]로 선택한다. 또는 [홈]-[표시형식]에서 , 아이콘을 클릭한다.

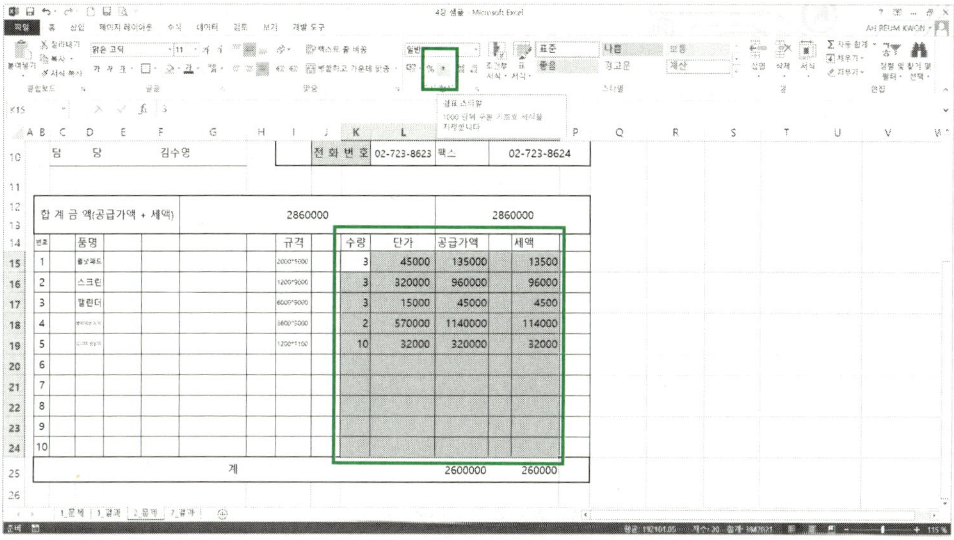

11) 셀 서식 - 사용자 지정 서식

수신, 담당 부분 셀 서식에서 [사용자 지정] 클릭 후 [@]를 선택 후 형식란에 "귀하"라고 입력한다.

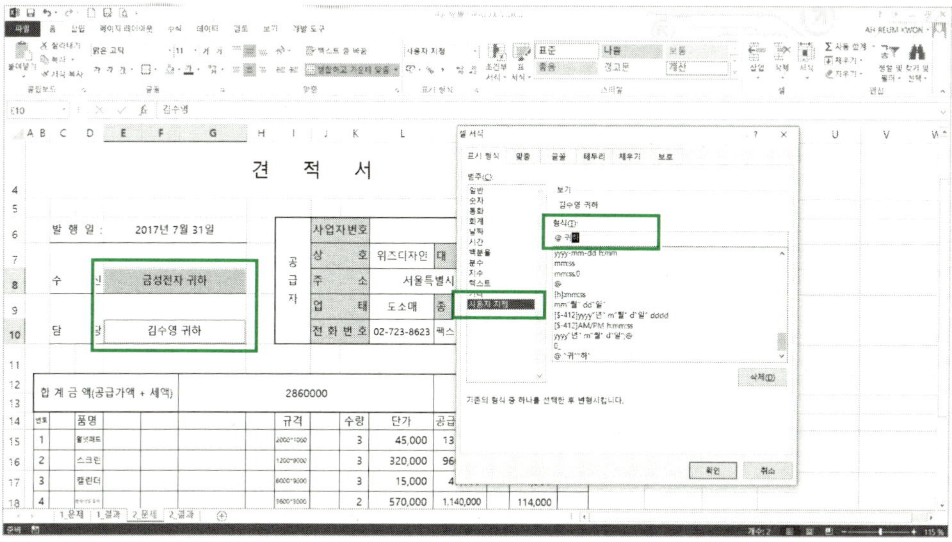

12) 셀 서식 – 숫자(한글) 서식 지정하기

① [G12] 셀을 선택하고 [셀 서식] 대화상자를 클릭한다.

② 범주에서 [기타]를 선택하고 [숫자(한글)]을 선택한다.

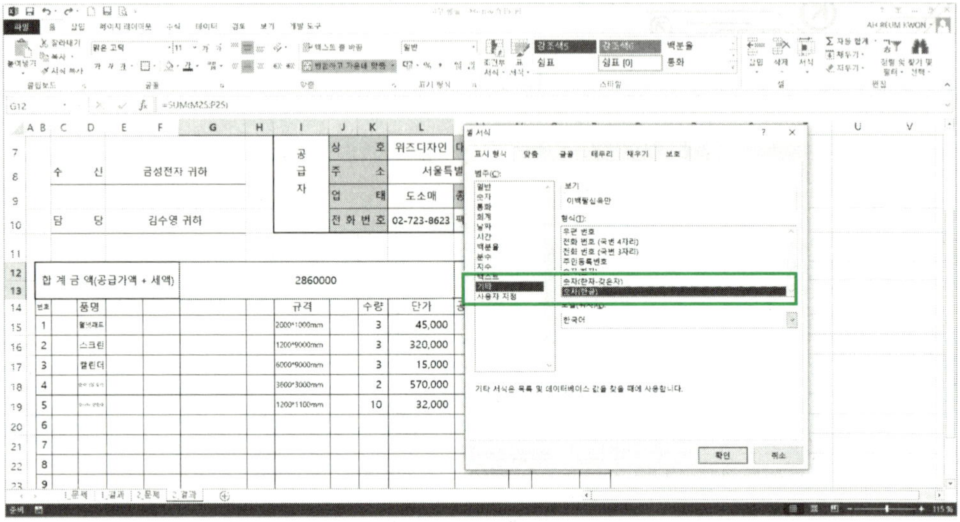

③ [G12] 셀을 선택하고 [셀 서식] 대화상자를 클릭한다.

④ [사용자 지정]에서 서식 코드 맨 앞에 "일금"을, 맨 뒤에 "원정"을 입력한 후 '확인'을 누른다.

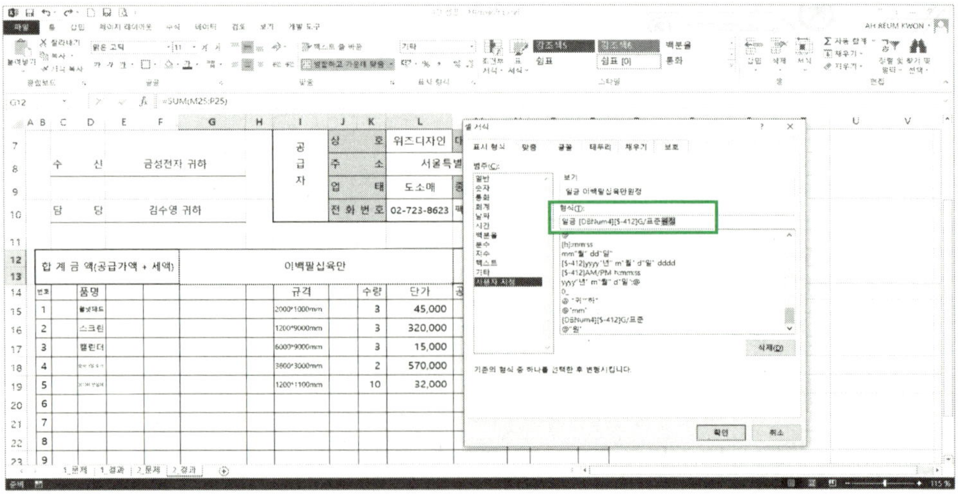

13) 셀 서식 – 단위 문자 서식 지정하기

① 규격 셀 전체를 클릭 후 마우스 오른쪽 버튼을 눌러 [셀 서식]을 클릭한다.

② [표시 형식] 탭에서 [사용자 지정] 범주를 선택 후 [@]를 선택, 형식란에 "mm"를 입력한다.

③ 선택한 셀의 데이터 뒤에 mm가 덧붙는다.

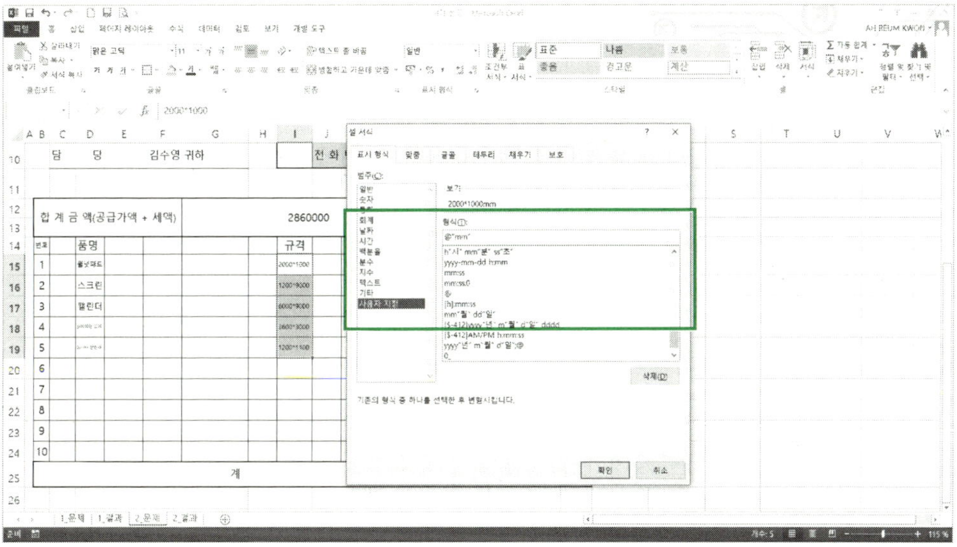

3 조건부 서식 지정하기

[연습시트 : 4장 예제 – 시트명 '신입사원 평가표']

1) 빠른 분석 도구

① 성별에 해당하는 데이터를 모두 범위로 지정한 후 [빠른 분석]을 클릭한다.

② [서식] – [텍스트 포함]을 선택하여 서식을 지정할 대화상자를 활성화한다.

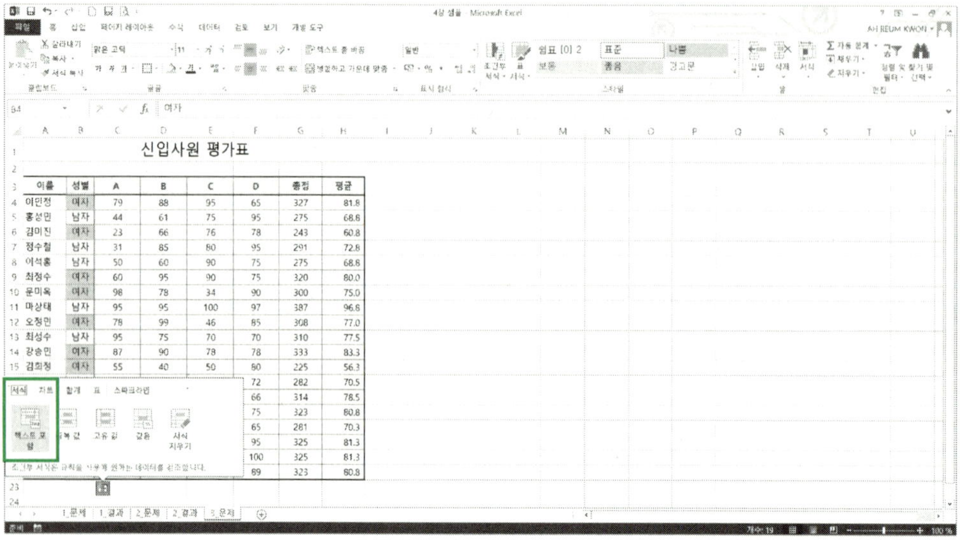

2) 텍스트를 포함하는 셀 서식 지정하기

텍스트 포함 대화상자에서 서식을 지정할 셀값으로 "여자"를 입력하고, 적용할 서식 목록에서 [빨강 텍스트]를 선택한다.

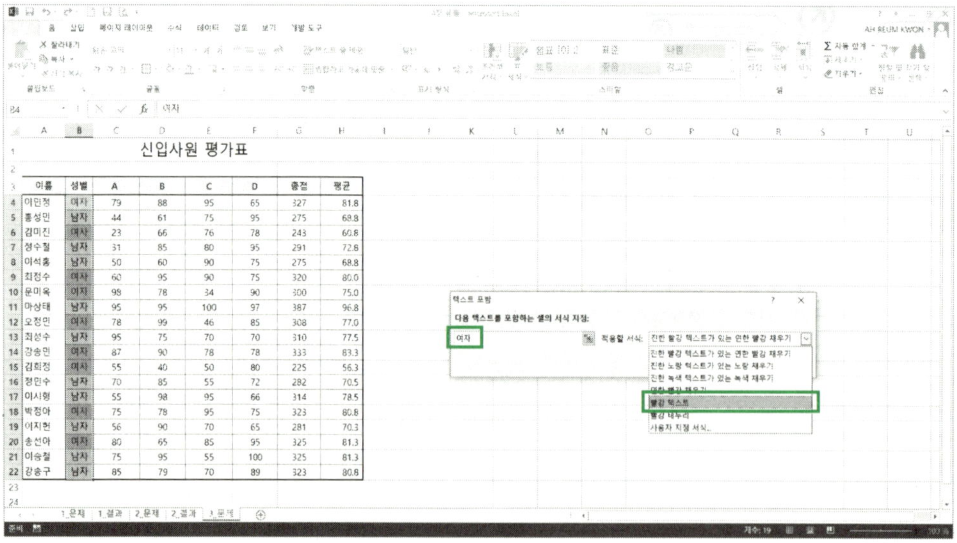

3) 리본 메뉴에서 셀 강조 규칙 지정하기

A, B, C, D 점수 중에서 80점 이상인 규칙을 찾아 강조한다.

① 점수 영역인 [A4:D22]를 셀 선택 후 상단의 [조건부 서식]–[셀 강조 규칙]–[보다 큼]을 선택한다.

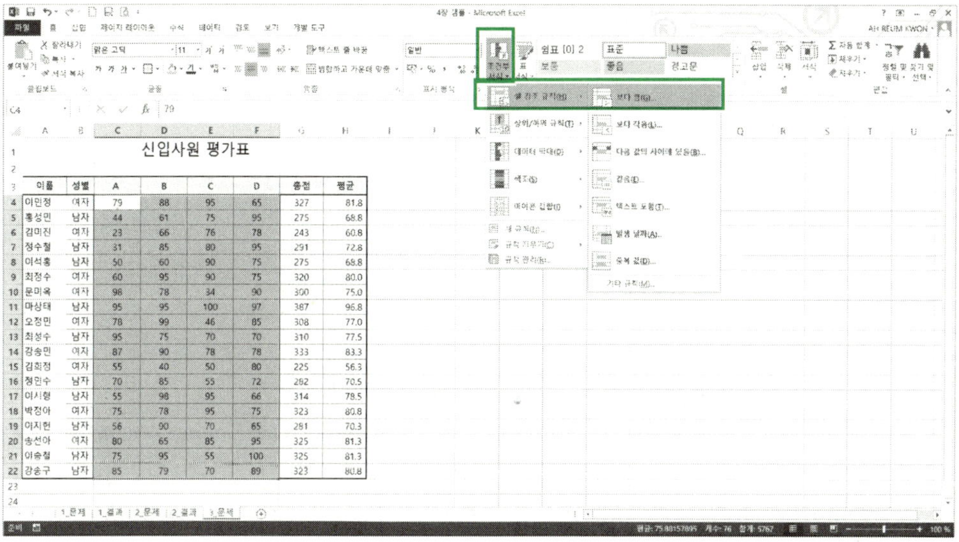

② "80"을 기재하고 적용 서식을 [진한 노랑 텍스트가 있는 노랑 채우기]로 선택한다.

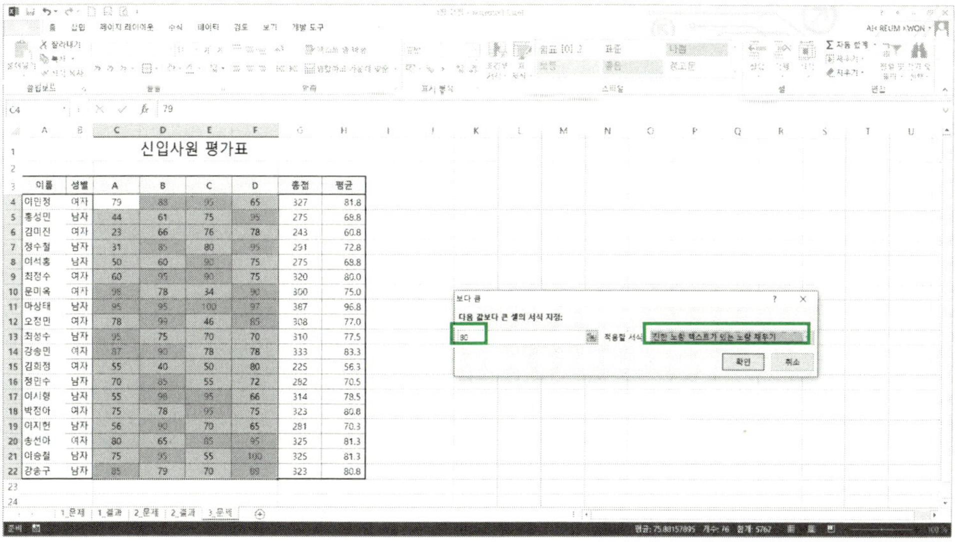

4) 글꼴 스타일 지정하기

① 총점 데이터를 모두 블록 설정 후 [조건부 서식]-[새 규칙]을 누른다.

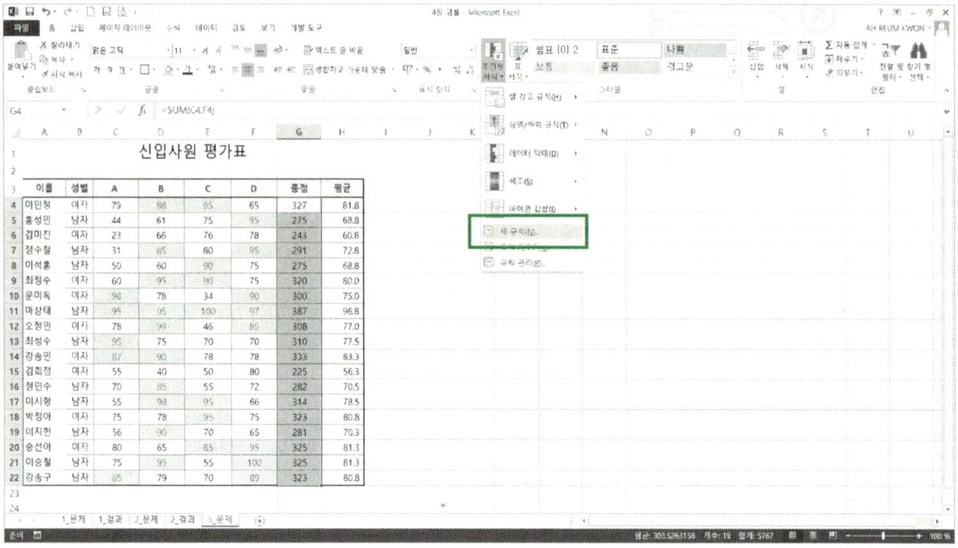

② [상위 또는 하위값만 서식 지정]을 클릭 후 글꼴창에서 [굵게]를 설정한다.

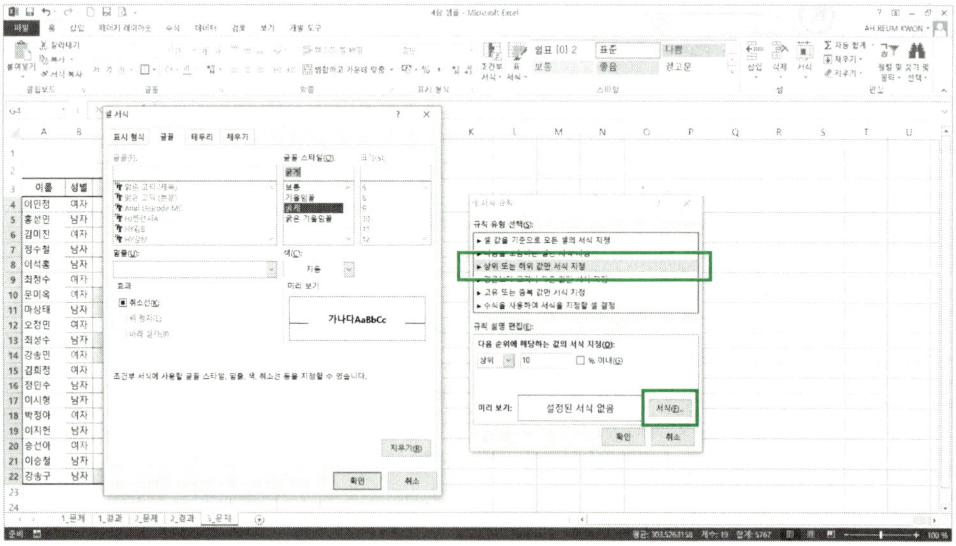

5) 수식으로 조건부 서식 지정하기

① 평균 점수를 모두 선택 후 [조건부 서식]－[새 규칙]을 누른다.

② 규칙 중 [수식을 사용하여 서식을 지정할 셀 결정]을 누르고 수식값에 "$H4>75"를 기재한다.

③ 하단에 [서식]을 누른 후 [채우기] 탭에서 원하는 색상을 누른다.

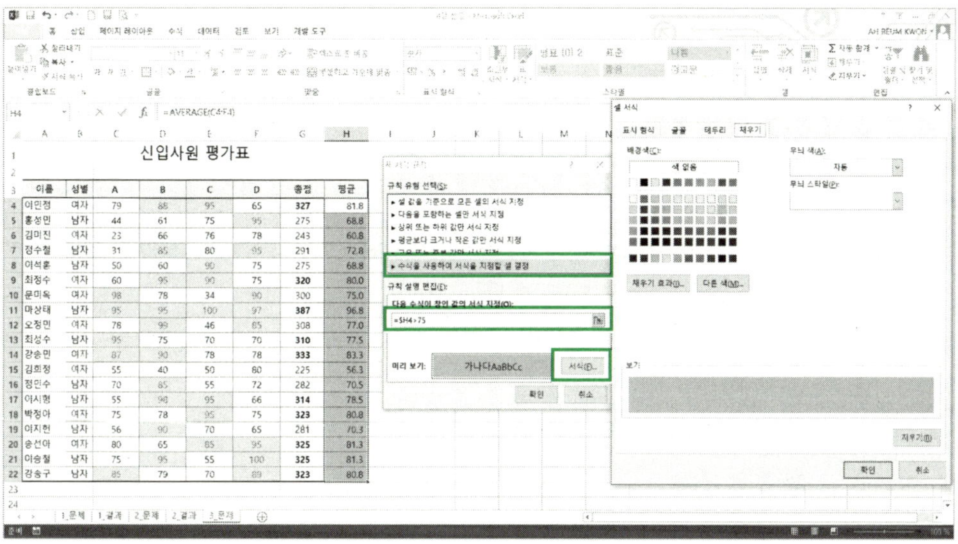

4 페이지 레이아웃 설정 및 인쇄하기

1) 여백 설정 및 인쇄 비율 지정하기

① 화면 보기 상태를 하단에 [페이지 레이아웃]으로 변경한다.

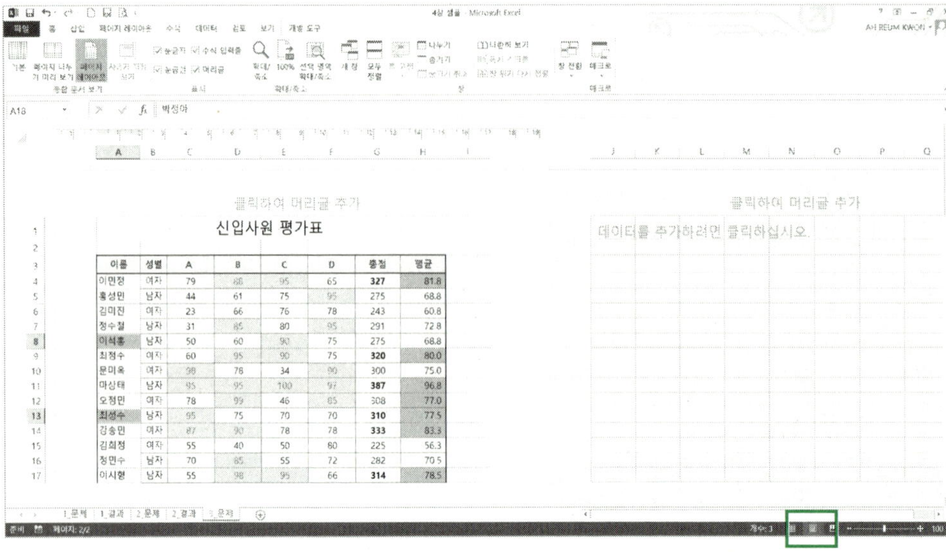

② [페이지 레이아웃] 탭의 [여백]을 클릭한다.

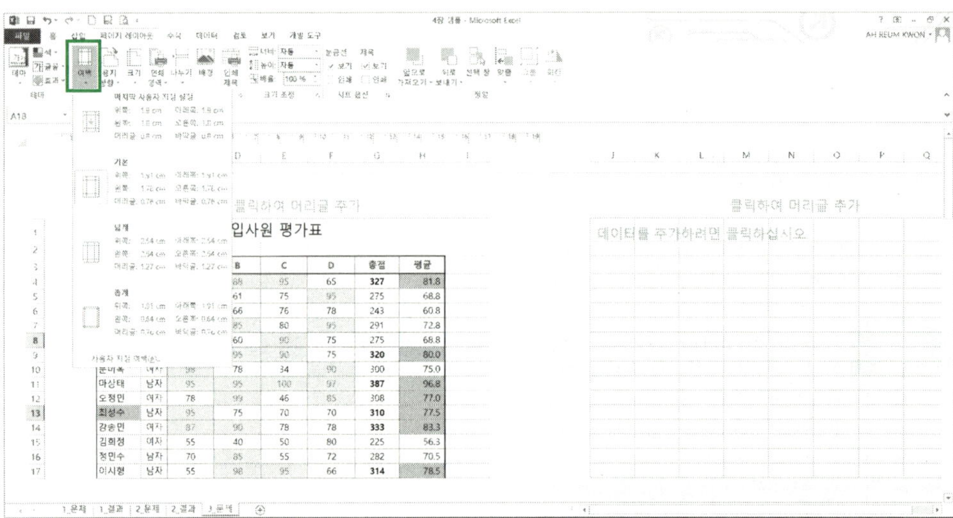

- 기본을 가장 많이 사용하고 데이터가 많을 경우 [좁게]를 사용하기도 한다.
- 원하는 여백이 없을 경우에는 [사용자 지정 여백]을 클릭 후 여백값을 직접 기입한다.

2) 페이지 나누기

페이지를 나누고자 하는 셀을 선택 후 페이지 나누기 삽입을 선택하면 각 셀이 페이지의 첫 부분에서 시작한다.

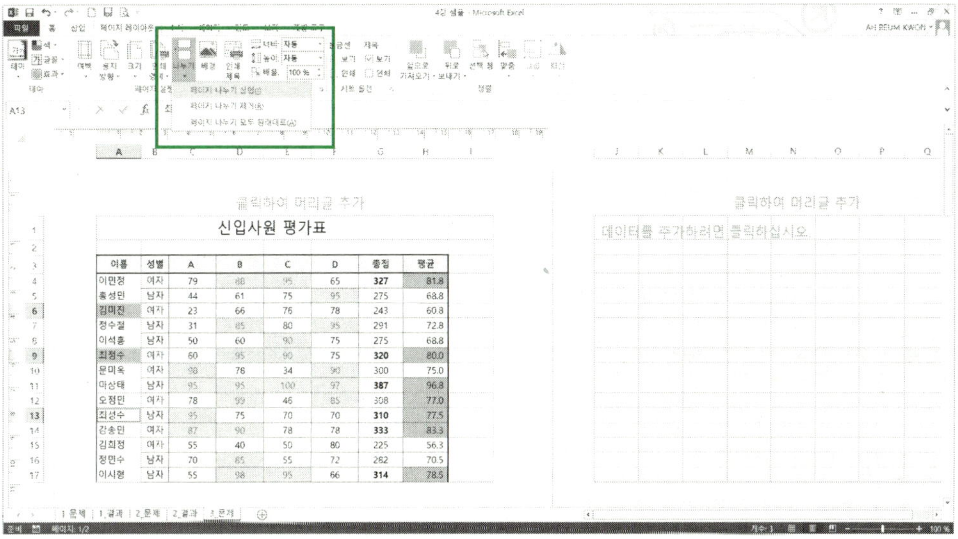

3) 인쇄 제목 지정하기

1. [페이지 레이아웃] 탭의 [인쇄 제목]을 클릭한다.
2. [시트] 탭에서 반복할 행을 클릭 후 제목부터 표의 상단까지([A1:H3]) 선택한 후 '확인'을 누른다.
3. 해당 탭은 인쇄 시 모든 페이지의 상단에 반복 인쇄된다.

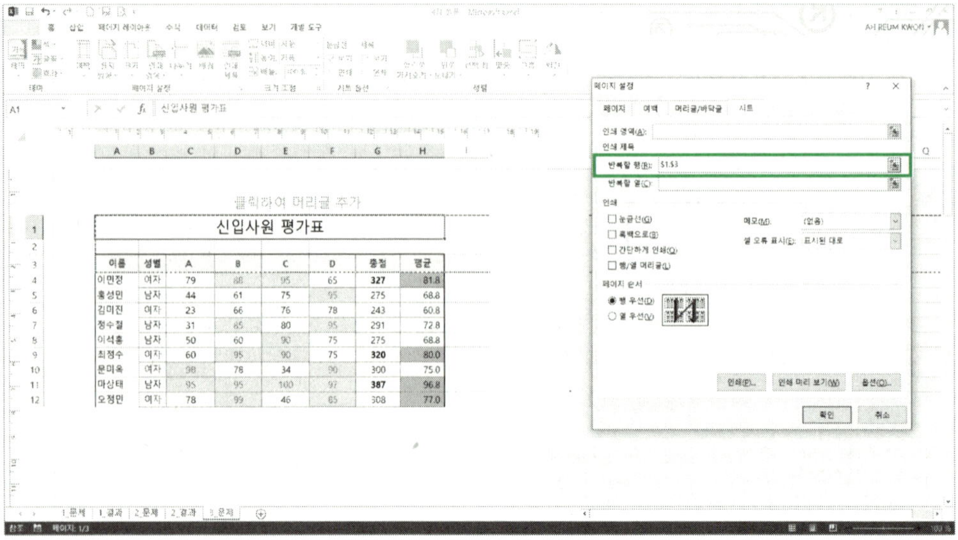

4) 인쇄 미리보기

[파일] 탭에서 [인쇄]를 선택하면 오른쪽 화면에 인쇄 미리보기가 가능하다.

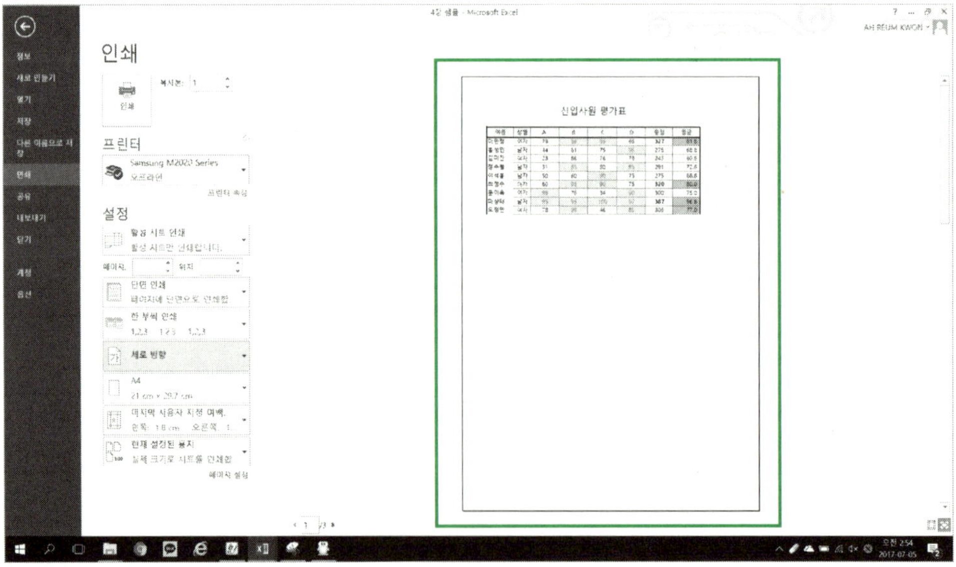

5) 머리글 설정하기

1. [페이지 레이아웃] 화면 상태에서 상단 왼쪽을 클릭한다.
2. [디자인] 탭에서 [현재 날짜]를 클릭한다.
3. 머리글 오른쪽 셀을 클릭 후 [디자인] 탭의 [페이지번호]를 클릭한다.
4. 전체 페이지를 함께 나타내고 싶을 경우 페이지번호 다음에 "/"를 적고 디자인 탭의 [페이지 수] 단추를 클릭한다.

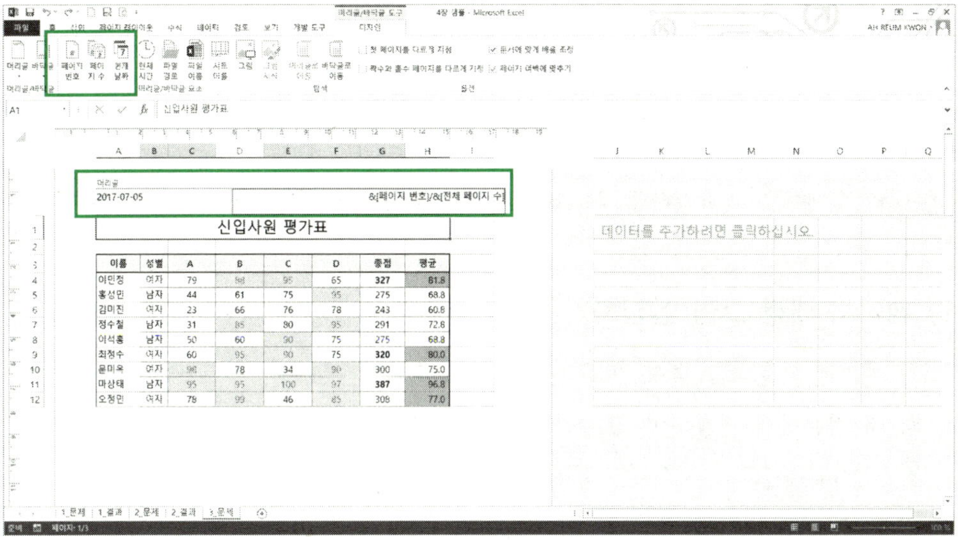

6) 바닥글 설정하기

바닥글을 설정하기 원하는 경우 [머리글]을 선택 후 상단에 [바닥글로 이동]을 클릭한다.

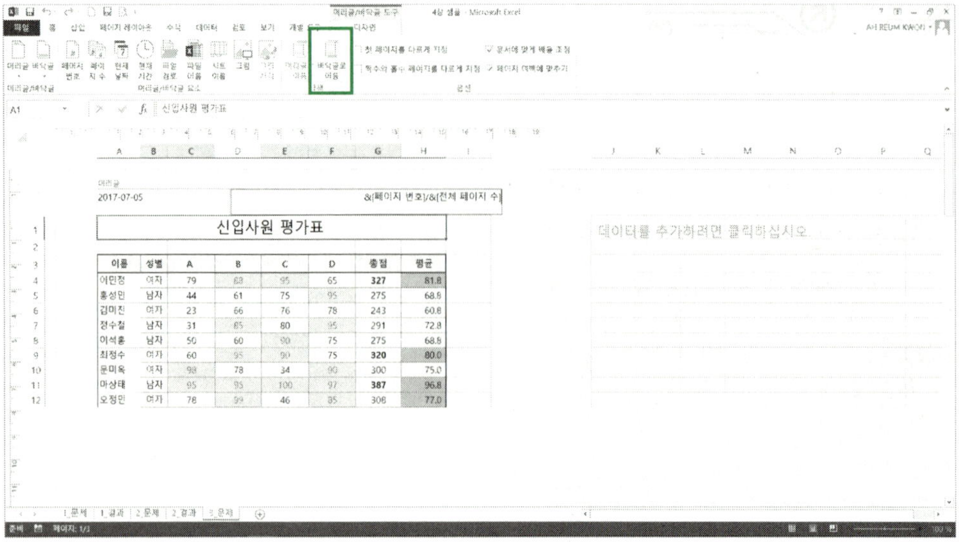

7) 페이지 배경 그림 삽입하기

1. 머리글 가운데를 클릭 후 [디자인]–[그림]을 누른다.
2. 내 컴퓨터에 저장되어 있는 원하는 사진을 클릭 후 삽입한다.
3. [디자인]–[그림 서식]을 클릭 후 [그림] 탭에서 색상을 [희미하게]로 선택한다.

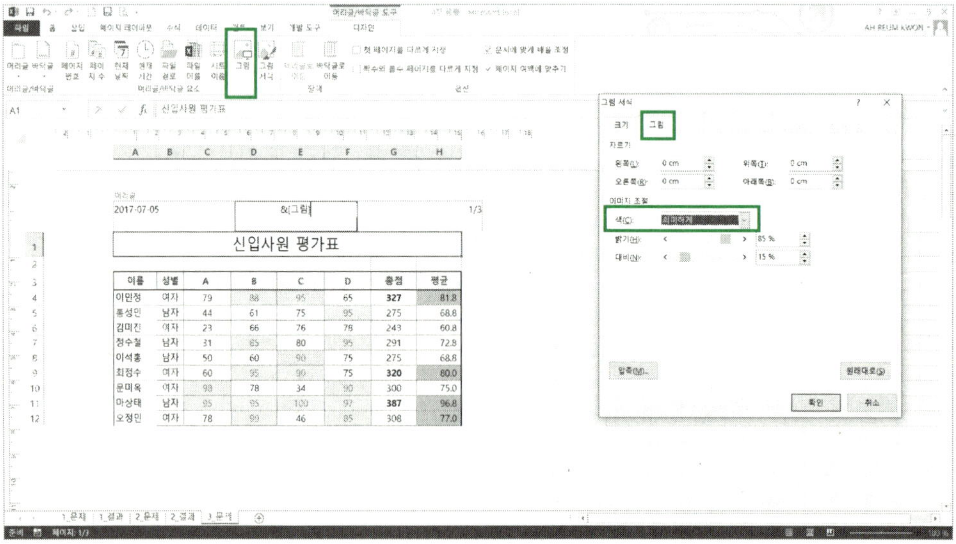

8) 문서 여백 조절하기

① [페이지 설정]-[여백] 탭에서 [페이지 가운데 맞춤] 영역에서 [가로], [세로]를 모두 체크한다.

② [인쇄 미리보기]를 클릭한다.

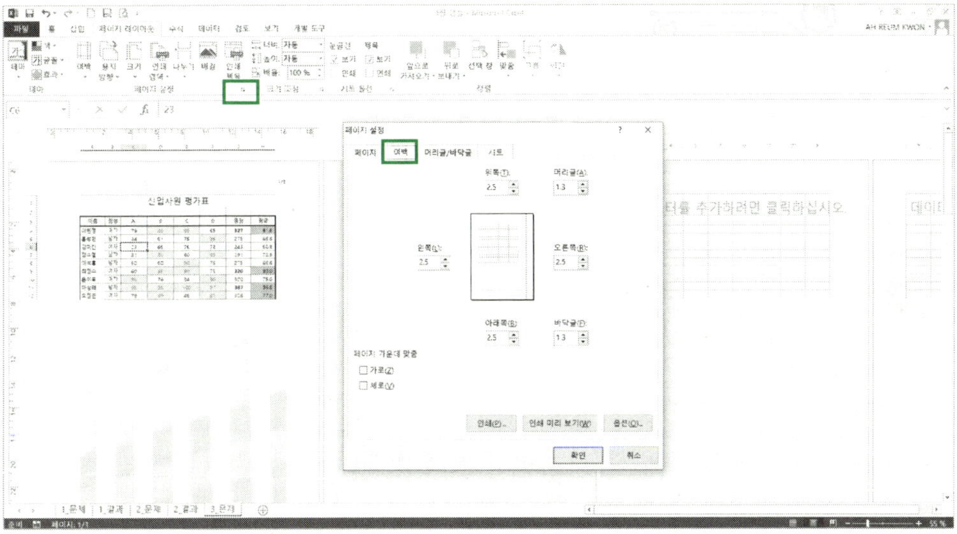

③ 또는 [인쇄 미리보기] 화면에서 [여백 표시]를 클릭한 후 여백 표시 선을 드래그하여 조절한다.

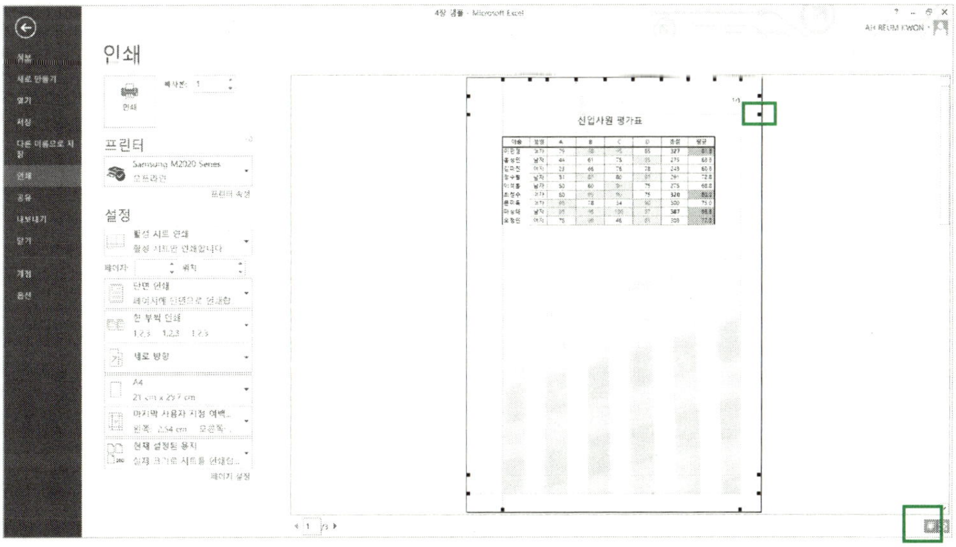

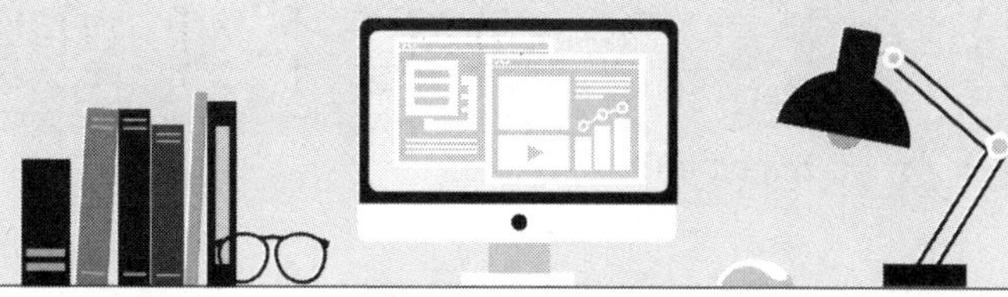

Chapter

05

엑셀 수식 만들기

1. 수식 입력하기
2. 셀 참조 이해하기
3. 자동 합계 구하기

05 엑셀 수식 만들기

Chapter

1 수식 입력하기

1) 수식의 구조

- 수식 데이터를 입력할 때는 "="로 시작하여 입력한다.
- 수식은 등호(=)를 입력하고 연산자, 피연산자, 함수 등 조합으로 만든다.
- 피연산자는 숫자일 수도 있지만 셀 주소일 수도 있다.
- 수식을 잘못 입력 시 해당 셀에 수식 오류가 표시 된다.

2) 연산자의 종류, 우선순위

- **산술 연산자** : 더하기, 빼기, 곱하기, 나누기 등의 기본적인 수학 연산을 말한다. (+, –, *(곱하기), /(나누기), %(백분율), ^(거듭제곱))
- **문자 연결 연산자** : 문자열을 여러 개 연결해서 하나로 만든다. (&(연결))
- **비교 연산자** : 논리 함수를 이용하여 두 값을 비교한 결과 참(True), 거짓(False)으로 값이 나타난다. (=(같다), >(크다), >=(크거나 같다), <(작다), <=(작거나 같다), < >(같지 않다))
- 연산자 사이에 우선수위는 산술 연산자–문자 연결 연산자–비교 연산자의 순으로 계산된다. 단, 순위를 변경하고 싶을 때는 괄호()를 사용하여 먼저 계산할 수 있게 수식을 작성한다.

[연습시트 : 5장 예제 – 시트명 '1_문제']

3) 다른 셀 참조하기

- 같은 시트에 다른 셀 참조하기 : 셀에 "="을 붙인 후 참조하고자 하는 셀을 클릭한다.
- 표시형식 : =셀 주소 (ex =A3)

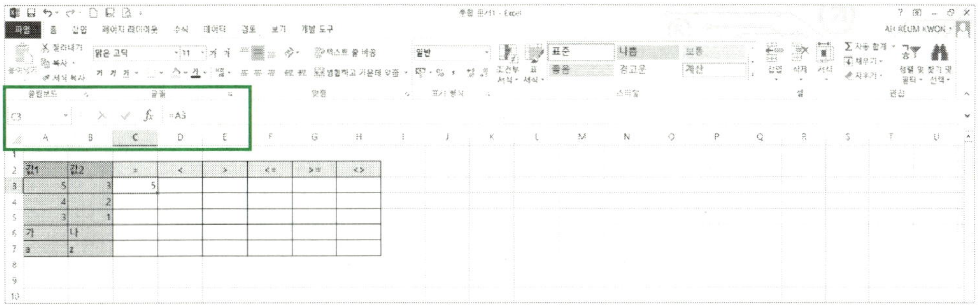

4) 다른 워크시트의 셀 참조하기

다른 시트에 있는 셀을 참조할 때에는 [통합문서이름.xlsx]시트이름!셀주소 형식으로 입력한다.

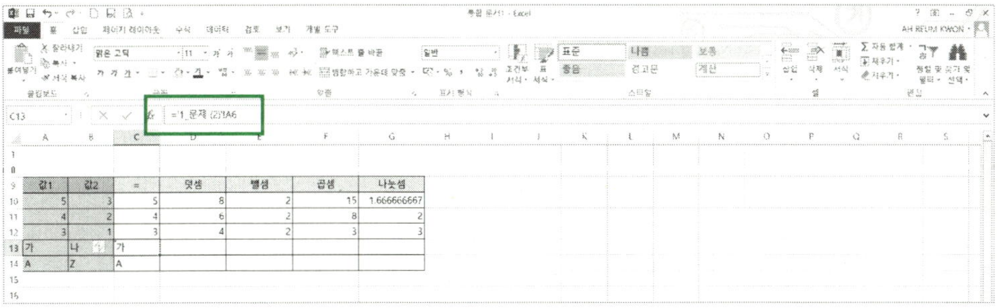

5) 수식 복사

- 복사하고자 하는 셀을 선택하고 [채우기 핸들]을 드래그하여 수식을 복사한다.
- 또는 복사하고자 하는 셀을 선택하고 더블클릭하여 자동채우기를 실행한다.

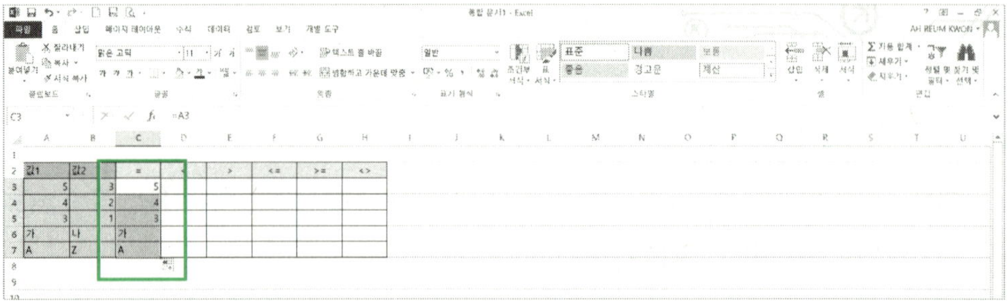

6) 사칙 연산

- 더하기 : =A10+B10
- 빼기 : =A10−B10
- 곱하기 : =A10*B10
- 나누기 : =A10/B10

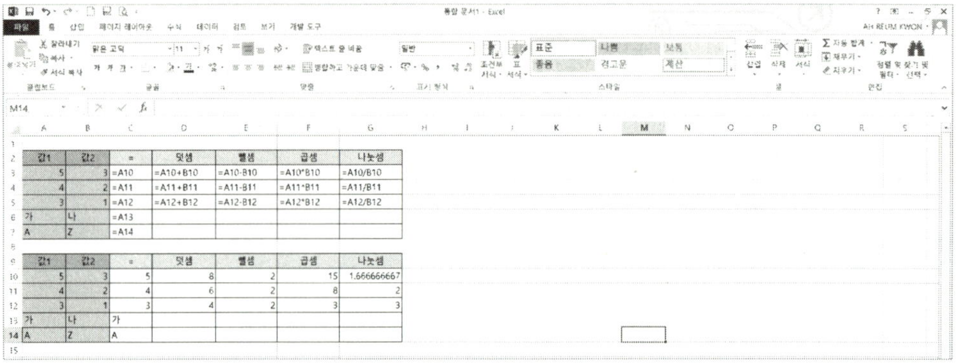

수식 오류 시 발생하는 메세지

- ### : 열 너비가 충분하지 않은 경우 해당 열을 더블클릭하여 자동으로 너비를 넓힌다. 또는 계산한 결과 값 자리수가 엑셀에서 지원하는 숫자 범위를 넘어서는 경우 나타난다.
- #DIV/0! : 나누기의 분모가 0인 경우 나타난다.
- #N/A : 데이터가 없는 경우 나타난다.
- #NAME? : 잘못된 이름 또는 수식을 입력한 경우 나타난다.
- #NULL! : 교차하지 않는 두 영역의 논리곱을 지정한 경우 나타난다.
- #NUM! : 수식 또는 함수가 잘못된 경우 나타난다.

- #REF! : 유효하지 않은 셀을 참조한 경우 나타난다.
- #VALUE! : 인수나 피연산자의 형식이 잘못된 경우 나타난다.

2 셀 참조 이해하기

1) 상대 참조

상대 참조는 일반적인 셀 주소 형식을 말한다. A1 또는 A2 형태로 수식 입력 후 복사를 하면 셀의 위치에 따라 참조한 셀의 주소도 바뀐다.

ex A1 셀에 = B1+C1의 식을 입력한 후 A2셀로 복사를 할 경우 상대 참조가 적용되어 =B2+C2로 셀의 수식이 바뀐다.

2) 절대 참조

절대 참조는 열 머리글과 행 머리글에 $(달러) 기호를 붙여서 $A$1의 형태로 입력한다. 절대 참조를 사용한 수식은 복사를 하더라도 참조한 셀의 주소는 바뀌지 않는다.

ex A1 셀에 $B$1+$C$1의 식을 입력한 후 A2셀로 복사를 할 경우 상대 참조가 적용되어 동일하게 $B$1+$C$1의 수식이 복사된다.

3) 혼합 참조

혼합 참조는 열 또는 행 중 한 군데만 $를 붙여서 $A1 또는 A$1의 형태로 입력한다. 혼합 참조를 사용한 수식은 복사를 하더라고 $가 붙은 행 또는 열은 바뀌지 않는다.

ex A1=B$1+C$1인 셀을 복사하여 B2에 붙여넣기 하면 B2의 수식은 B2=C$1+D$1으로 변경된다.

3 자동 합계 구하기

[연습시트 : 5장 예제 – 시트명 '2017년 7월 제품별 판매량']

1) 자동 합계

자동 합계를 구하고자 하는 영역을 블록 지정한 후, [홈] – [편집] – [자동 합계]의 [합계]를 클릭한다.

수식 = SUM(B5:G5)

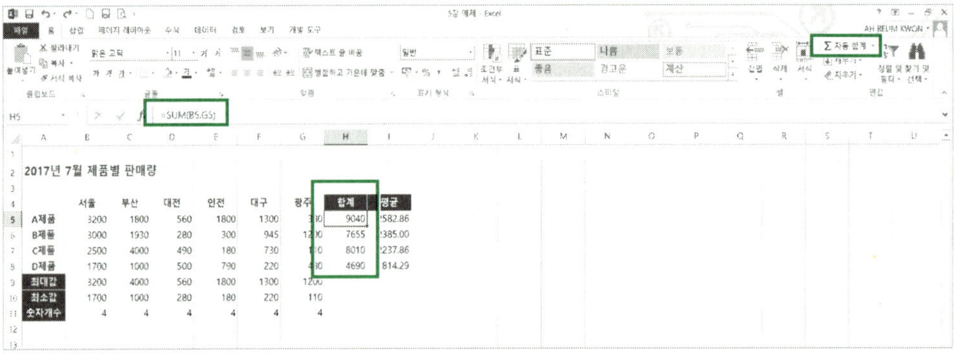

2) 평균

평균을 구하고자 하는 영역을 블록 지정한 후, [홈] – [편집] – [자동 합계]의 [평균]을 클릭한다.

수식 = AVERAGE(B5:H5)

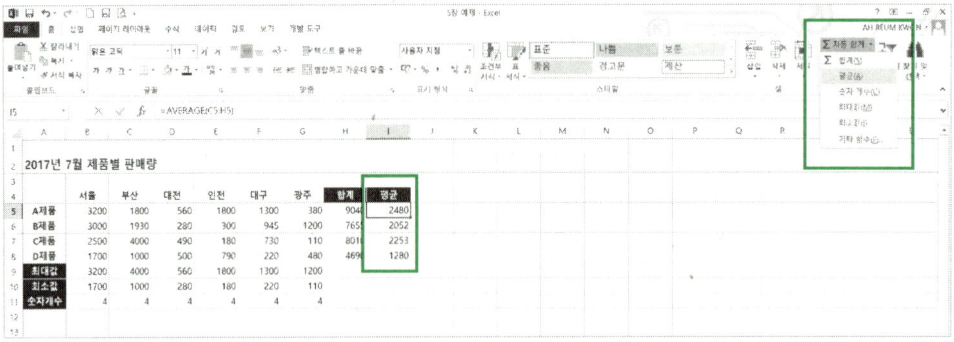

3) 숫자 개수

숫자 개수를 구하고자 하는 영역을 블록 지정한 후, [홈]-[편집]-[자동 합계]의 [숫자 개수]를 클릭한다.

수식 = COUNT(B5:B8)

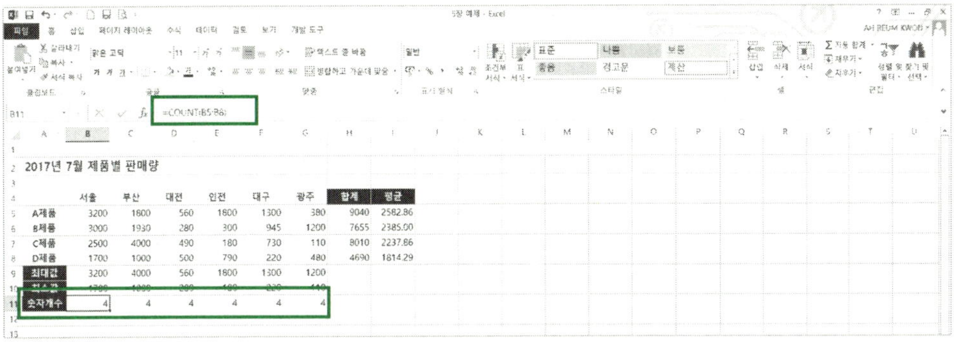

4) 최대값

최대값을 구하고자 하는 영역을 블록 지정한 후, [홈]-[편집]-[자동 합계]의 [최대값]을 클릭한다.

수식 = MAX(B5:B8)

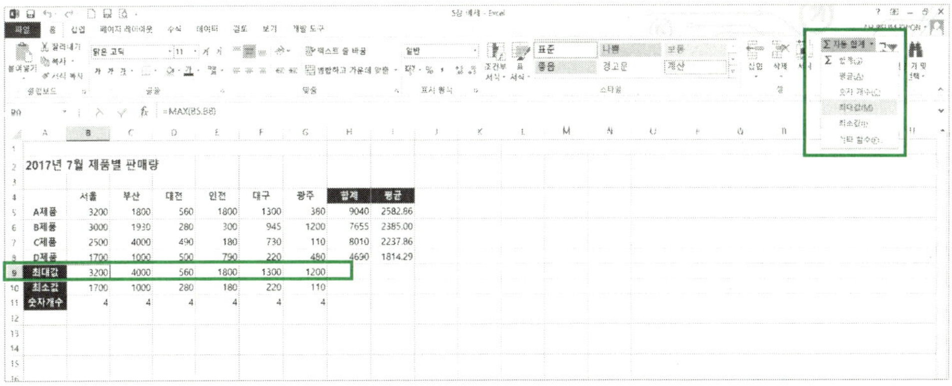

5) 최소값

최소값을 구하고자 하는 영역을 블록 지정한 후, [홈]–[편집]–[자동 합계]의 [최소값]을 클릭한다.

수식 = MIN(B5:B8)

6) 기타 함수

[홈]–[편집]–[자동 합계]의 [기타 함수]를 클릭하면 함수 마법사로 연결되며, 이는 수식입력줄 옆에 [$f(x)$]라고 표시된 함수 삽입을 눌렀을 때와 동일하다.

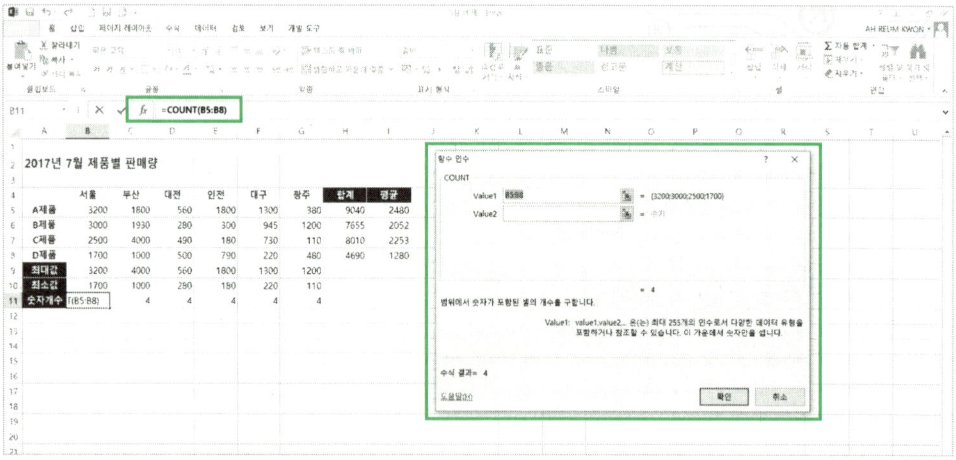

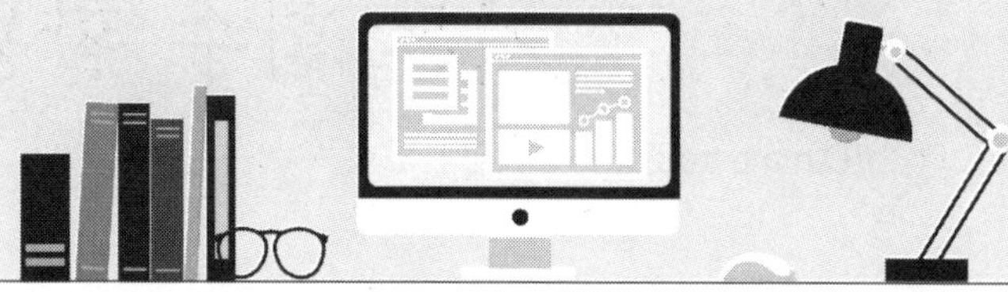

Chapter

06

기본 함수 활용하기

1. 기본함수 1 : SUM, AVERAGE, MAX, MIN
2. 기본함수 2 : IF, SUMIF, SUMIFS.
3. 기본함수 3 : COUNT. CONTA COUNTIF, COUNTBLANK
4. 기본함수 4 : RANK, ROUND, ROUNDUP, ROUNDDOWN

06 기본 함수 활용하기

Chapter

1 기본 함수 1 : SUM, AVERAGE, MAX, MIN

[연습시트 : 6장 예제 – 시트명 '기본함수1_문제']

1) SUM(합)

- 수식을 입력하고자 하는 셀을 클릭한다.
- 수식 입력줄에서 함수마법사 [$f(x)$]를 클릭하거나 또는 [수식] 탭에서 [함수삽입]을 클릭한다.
- 함수 검색창에서 SUM을 검색하거나 또는 범주선택을 [수학/삼각]으로 설정한 뒤 [SUM]을 선택한다.
- 또는 [수식] 탭에서 [수학/삼각] 하단의 [SUM]을 선택한다.

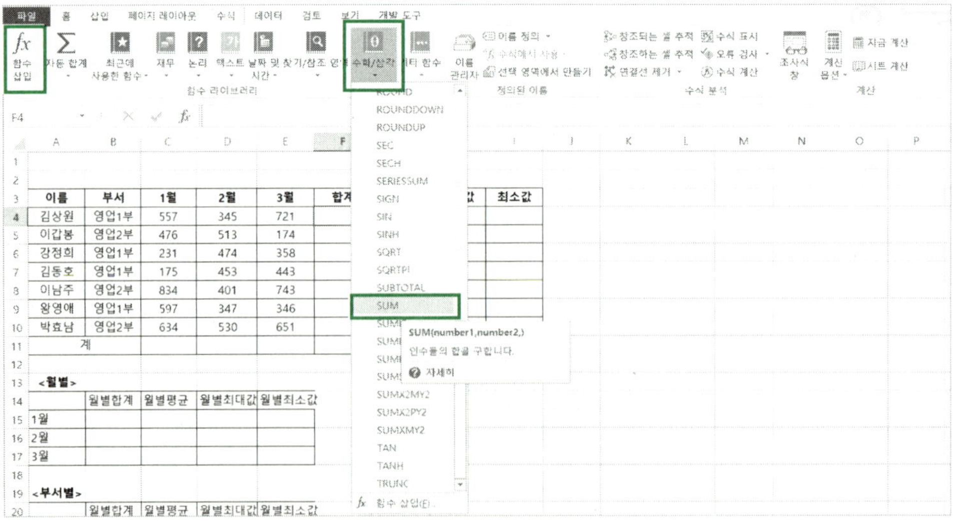

• 대화상자에서 Number 1의 입력란에 구하고자 하는 셀의 영역을 설정 후 '확인'을 누른다.

• 연결되지 않는 셀인 경우 두 번째 Number 2에서 다음 셀의 영역을 기입해도 전체 합의 값을 구할 수 있다.

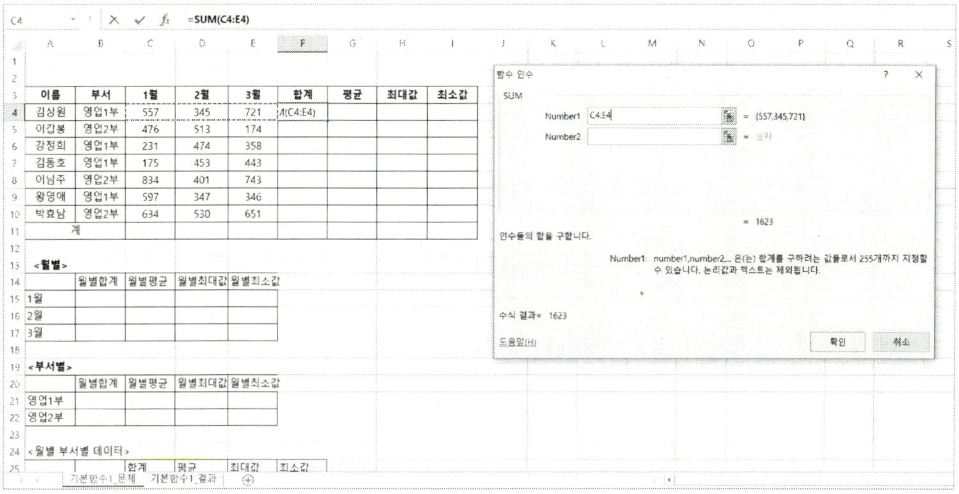

2) AVERAGE(평균)

• 수식을 입력하고자 하는 셀을 클릭한다.

• 수식 입력줄에서 함수마법사 [$f(x)$]를 클릭하거나 또는 [수식] 탭에서 [함수삽입]을 클릭한다.

• 함수 검색 창에서 AVERAGE를 검색하거나 또는 범주선택을 [기타함수]−[통계]로 설정한 뒤 [AVERAGE]를 선택한다.

• 또는 [수식] 탭에서 [수학/삼각] 하단의 [AVERAGE]를 선택한다.

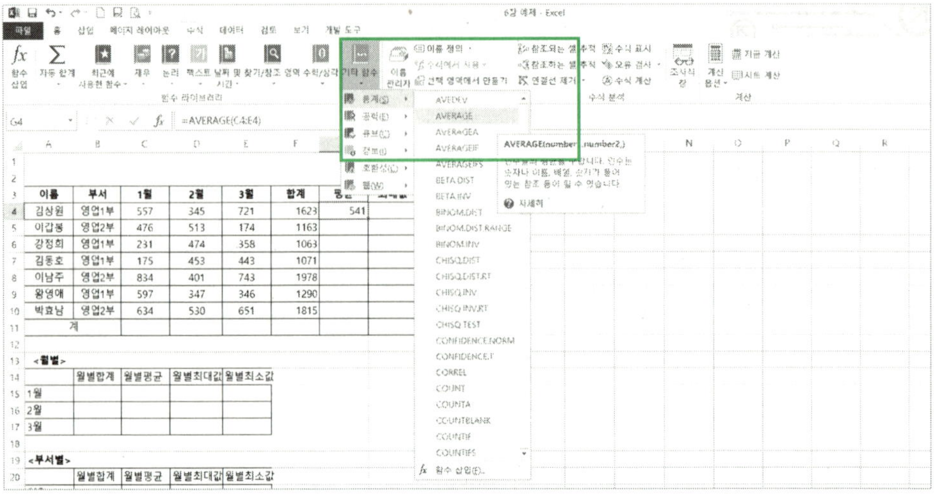

- 대화상자에서 Number 1의 입력란에 구하고자 하는 셀의 영역을 설정 후 '확인'을 누른다.
- 연결되지 않는 셀인 경우 두 번째 Number 2에서 다음 셀의 영역을 기입해도 전체 평균의 값을 구할 수 있다.

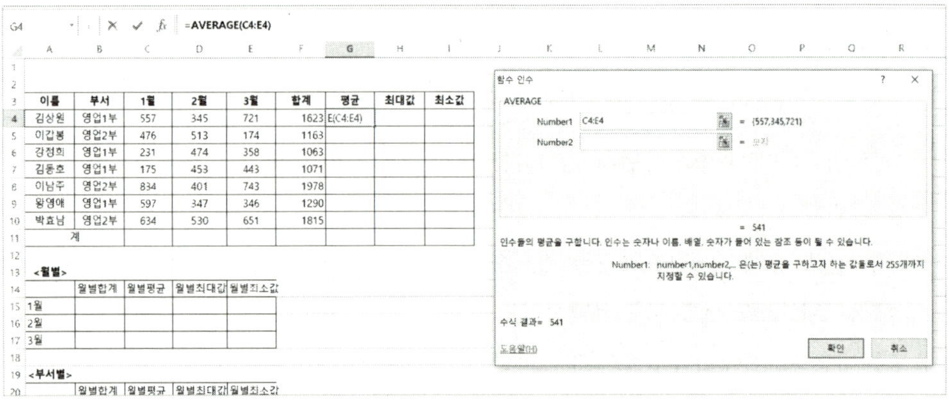

tip
- 평균을 구하는 경우 소수 자릿수 정리가 필요하다.
- 평균을 구한 셀을 클릭 후 [홈] 탭의 [표시형식] 중 자릿수 줄임/늘임 아이콘을 이용하여 통일되게 정리한다.

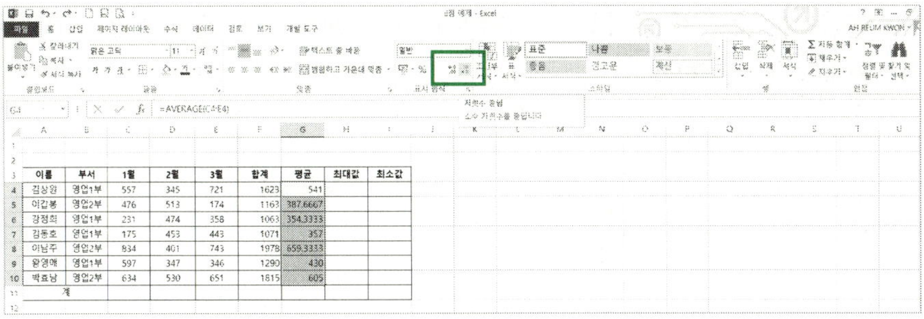

3) MAX(최대값)

- 수식을 입력하고자 하는 셀을 클릭한다.
- 수식 입력줄에서 함수마법사 [$f(x)$]를 클릭하거나 또는 [수식] 탭에서 [함수삽입]을 클릭한다.
- 함수 검색 창에서 MAX를 검색하거나 또는 범주선택을 [기타함수]-[통계]로 설정한 뒤 [MAX]를 선택한다.

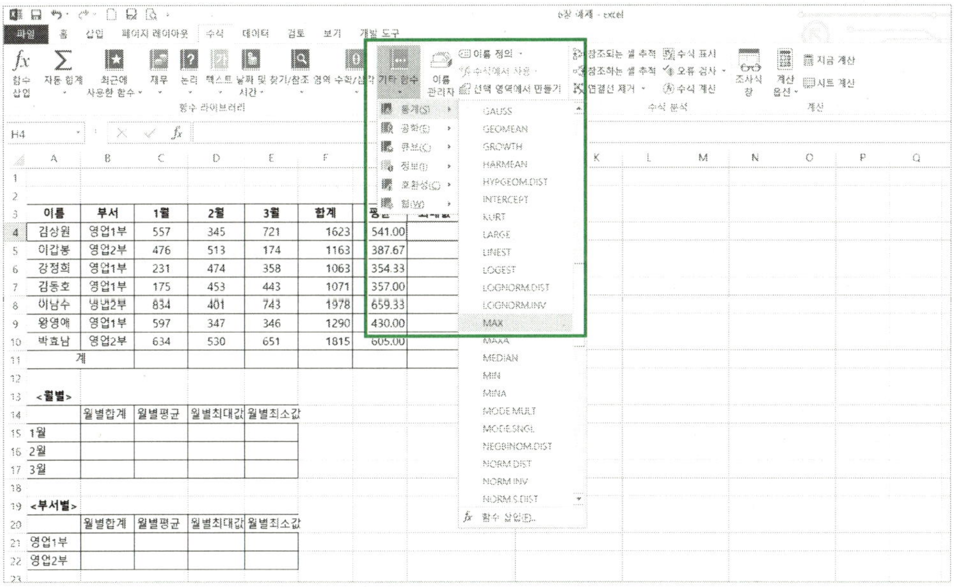

- 대화상자에서 Number 1의 입력란에 구하고자 하는 셀의 영역을 설정 후 '확인'을 누른다.

- 연결되지 않는 셀인 경우 두 번째 Number 2에서 다음 셀의 영역을 기입해도 최대값을 구할 수 있다.

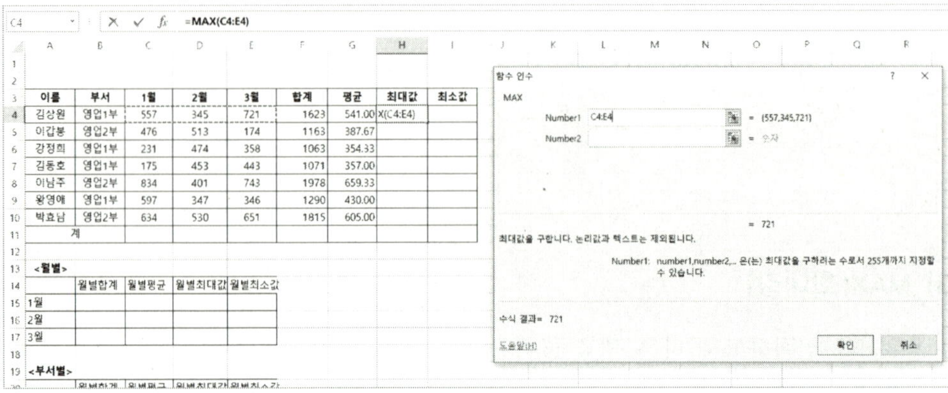

4) MIN(최소값)

- 수식을 입력하고자 하는 셀을 클릭한다.
- 수식 입력줄에서 함수마법사 [$f(x)$]를 클릭하거나 또는 [수식] 탭에서 [함수삽입]을 클릭한다.
- 함수 검색창에서 MIN을 검색하거나 또는 범주선택을 [기타함수]–[통계]로 설정한 뒤 [MIN]을 선택한다.

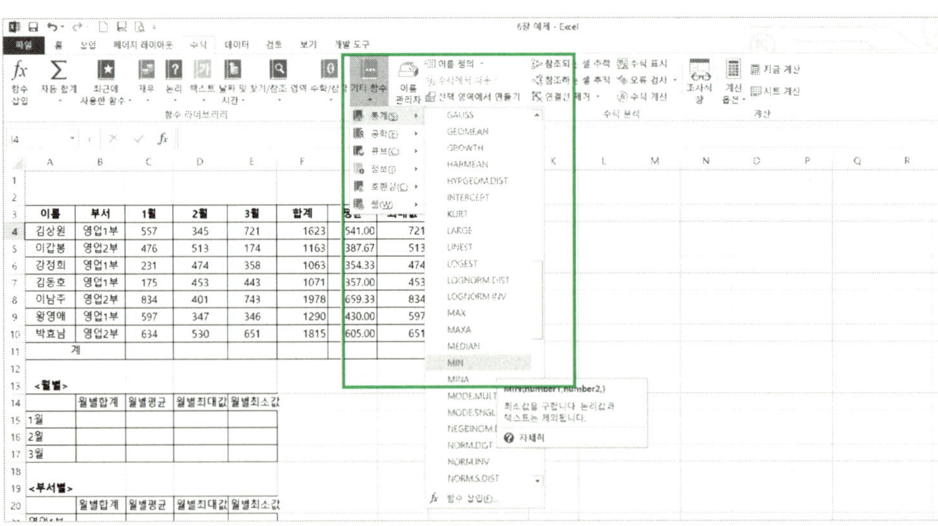

- 대화상자에서 Number 1의 입력란에 구하고자 하는 셀의 영역을 설정 후 '확인'을 누른다.
- 연결되지 않는 셀인 경우 두 번째 Number 2에서 다음 셀의 영역을 기입해도 최소값을 구할 수 있다.

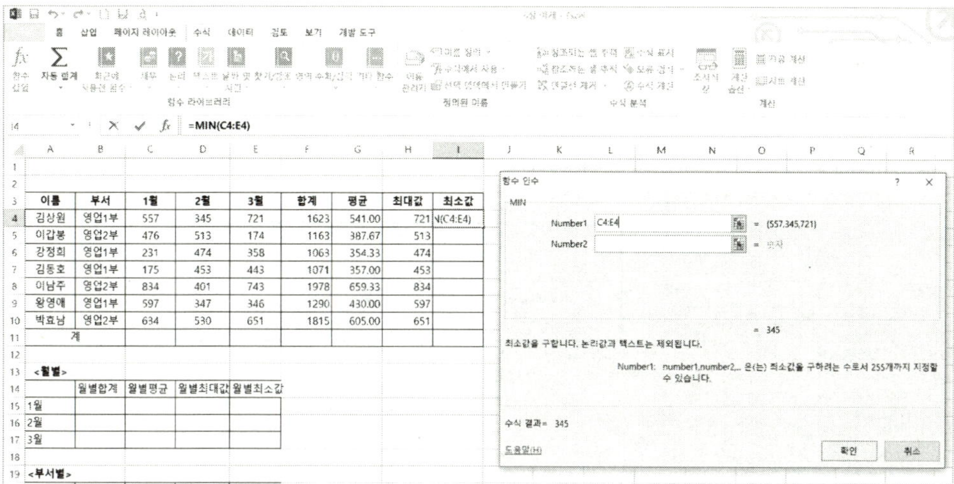

2 기본 함수 2 : IF, SUMIF, SUMIFS

[연습시트 : 6장 예제 – 시트명 '기본함수2_문제']

1) IF

- IF 함수는 사용자가 만든 논리 구조에 따라 계산한 결과 값을 표시할 수 있는 함수이다.
- 함수 대화상자에서 첫 번째는 조건식, 두 번째는 조건식이 참일 때의 값(식), 세 번째는 조건식이 거짓일 때의 값(식)을 기재한다.

함수마법사	기재사항	해석
Logical test	ex) C4>=70	조건식을 기재
Value if true	ex) "합격"	조건식이 참일 때의 값(식)
Value if false	ex) "불합격"	조건식이 거짓일 때의 값(식)

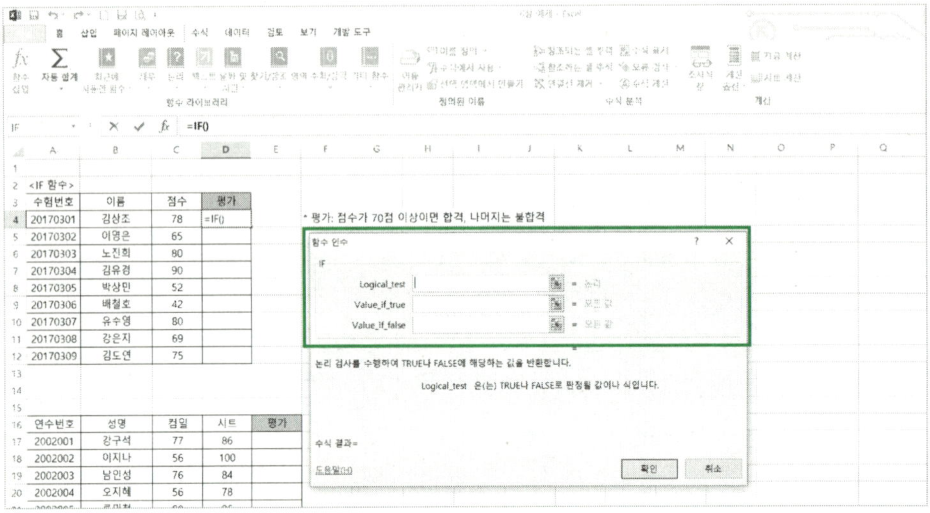

- 함수의 조건에서 텍스트에 해당하는 부분은 무조건 " "(따옴표)를 삽입한다.
- 자동채우기 기능을 활용할 경우 절대참조와 상대참조를 잘 구분하여 기재한다.

(1) 조건에 따른 텍스트 입력하기

- 함수를 구하고자 하는 셀 [D4]를 클릭한다.
- 함수마법사에서 [IF] 함수를 실행한다.

함수마법사	기재사항	해석
Logical test	C4>=70	C4 셀값이 70 이상이면
Value if true	"합격"	참인 경우 합격이라고 나옴
Value if false	"불합격"	거짓인 경우 불합격이라고 나옴

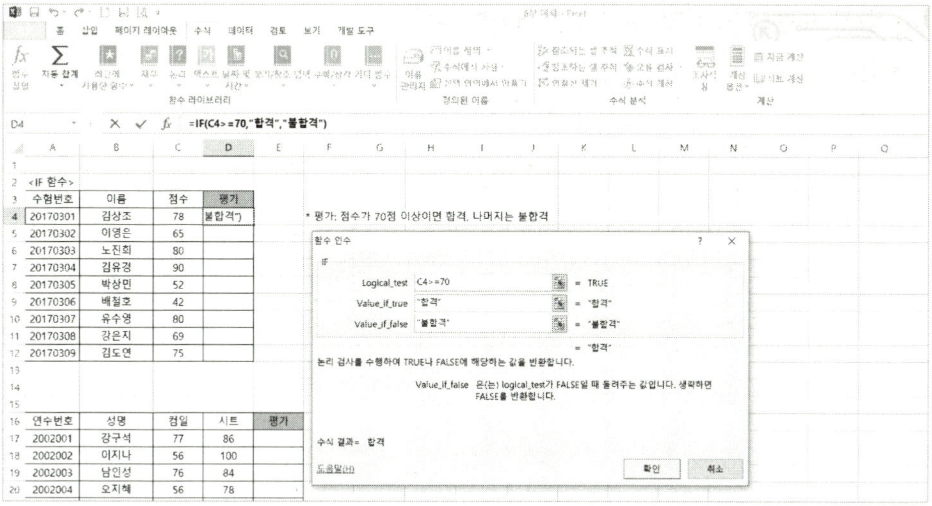

(2) 조건에 수식이 들어가는 경우

- 함수를 구하고자 하는 셀 [E17]을 클릭한다.
- 함수마법사에서 [IF] 함수를 실행한다.

함수마법사	기재사항	해석
Logical test	C17+D17>=170	C17과 D17의 합이 170 이상이면
Value if true	"합격"	참인 경우 합격이라고 나옴
Value if false	"불합격"	거짓인 경우 불합격이라고 나옴

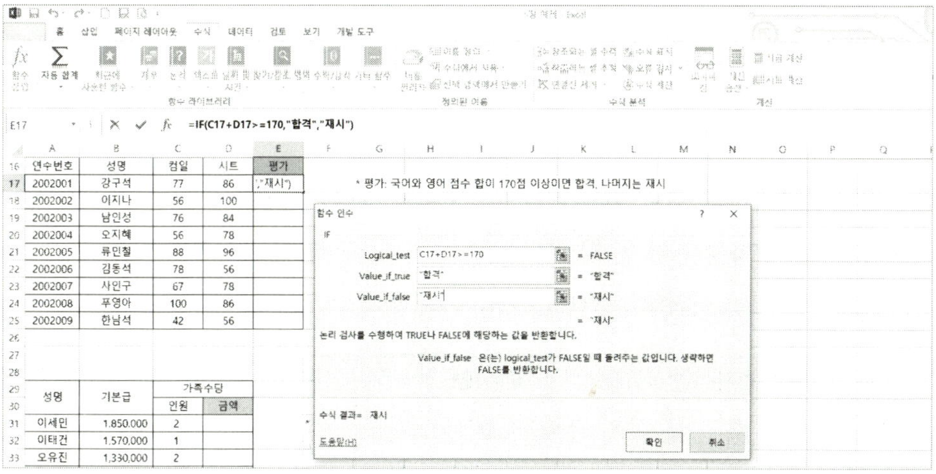

(3) 참값 또는 거짓값에 수식이 들어가는 경우

- 함수를 구하고자 하는 셀 [D31]을 클릭한다.
- 함수마법사에서 [IF] 함수를 실행한다.

함수마법사	기재사항	해석
Logical test	C31>=1	C31이 1명 이상이면
Value if true	B31*1%	B31(기본급)의 1%를 기재
Value if false	""	거짓일 경우 빈칸으로 나옴

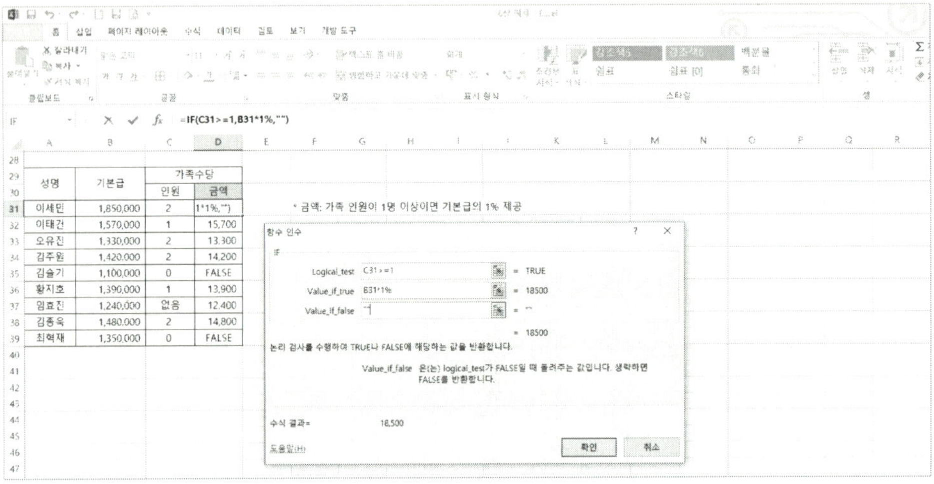

[연습시트 : 6장 예제 – 시트명 기본함수2_문제]

2) SUMIF

- 조건에 해당하는 셀의 합계를 구하는 함수이다.
- 함수 대화상자에서 첫 번째는 조건식, 두 번째는 조건식이 참일 때의 값(식), 세 번째는 조건식이 거짓일 때의 값(식)을 기재한다.

함수마법사	기재사항	해석
Range	ex) $C$45:$C$65	조건을 검색할 수 있는 범위
Creteria	ex) "1월"	조건
Sum_range	ex) $D$45:$D$65	합을 구하고자 하는 범위

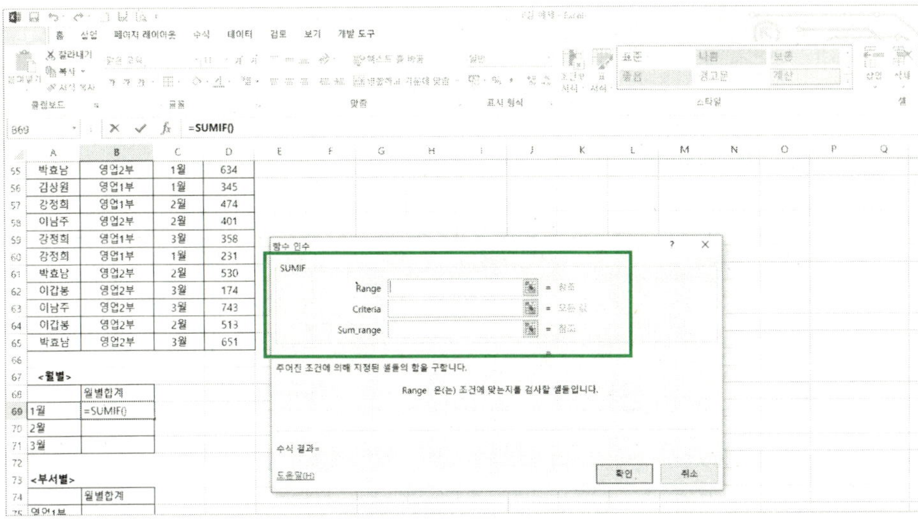

(1) 월별 판매량 구하기

- 함수를 구하고자 하는 셀 [B69]를 클릭한다.
- 함수마법사에서 [SUMIF] 함수를 실행한다.

함수마법사	기재사항	해석
Range	ex) $C$45:$C$65	조건을 검색할 수 있는 범위
Creteria	ex) "1월"	1월에 해당하는 조건
Sum_range	ex) $D$45:$D$65	1월 조건에 해당하는 판매량의 합

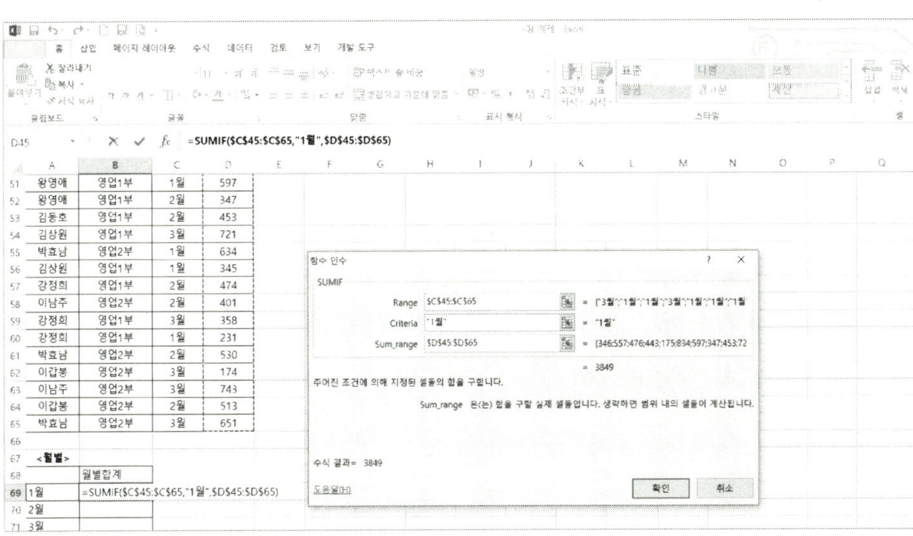

• 2월과 3월인 경우 'Criteria'란에 해당조건을 변경해 준다.

자동채우기를 활용하는 경우

함수마법사	기재사항	해석
Range	$C$45:$C$65	조건을 검색할 수 있는 범위
Criteria	A69	A69와 동일한 조건
Sum_range	$D$45:$D$65	1월 조건에 해당하는 판매량의 합

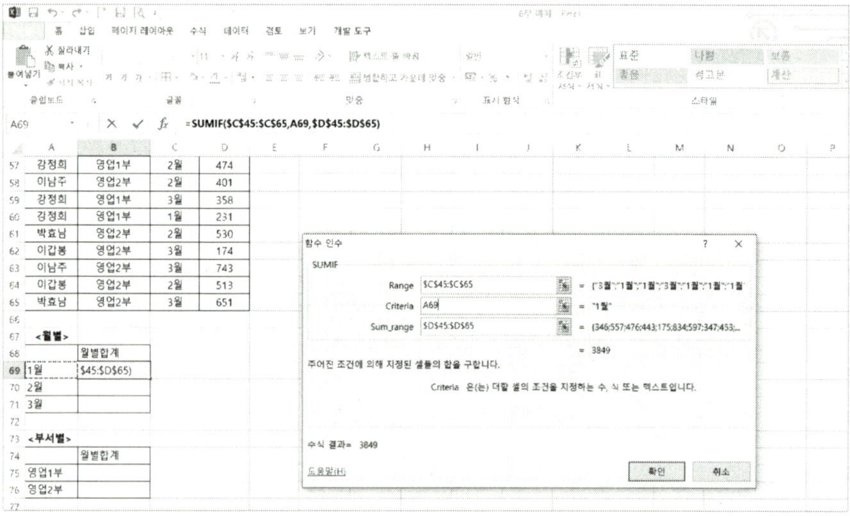

• 단, 자동 채우기를 활용하는 경우 범위는 움직이지 않아야 하기 때문에 Range와 Sum_range 부분은 절대참조로 설정해야 하고, 나머지 조건(Criteria)은 상대참조로 설정해야 한다.

(2) 부서별 판매량 구하기

• 함수를 구하고자 하는 셀 [B75]를 클릭한다.

• 함수마법사에서 [SUMIF] 함수를 실행한다.

함수마법사	기재사항	해석
Range	$C$45:$C$65	조건을 검색할 수 있는 범위
Criteria	A75	영업1부에 해당하는 조건 (또는 "영업1부"라고 입력해도 됨)
Sum_range	$D$45:$D$65	영업1부 조건에 해당하는 판매량의 합

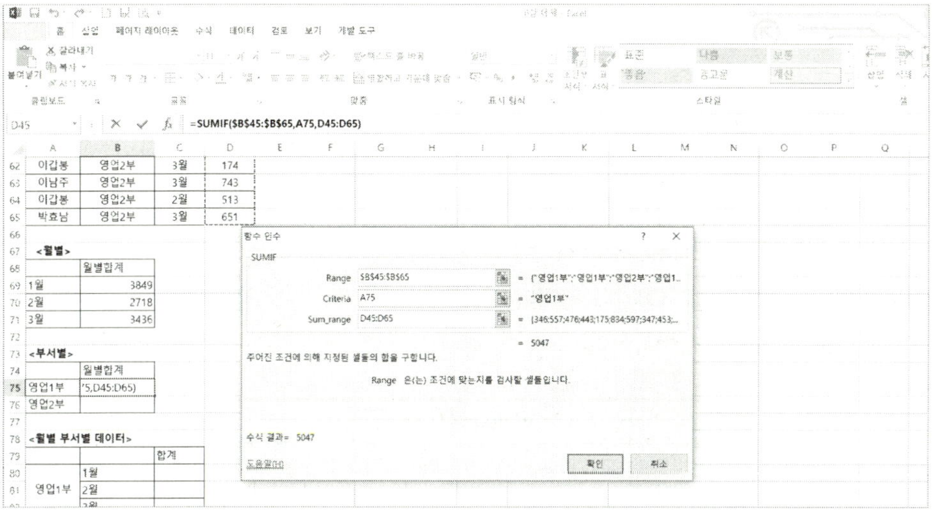

3) SUMIFS

- 다중 조건에 해당하는 셀의 합계를 구하는 함수이다.
- 함수 대화상자에서 첫 번째는 조건식, 두 번째는 조건식이 참일 때의 값(식), 세 번째는 조건식이 거짓일 때의 값(식)을 기재한다.

함수마법사	기재사항	해석
Sum_range	ex) $D$45:$D$65	합을 구하고자 하는 범위
Criteria_range1	ex) $B$45:$B$65	첫 번째 조건을 검색할 수 있는 범위
Criteria	ex) "영업1부"	첫 번째 조건
Criteria_range2	ex) $C$45:$C$65	두 번째 조건을 검색할 수 있는 범위
Criteria	ex) B80	두 번째 조건

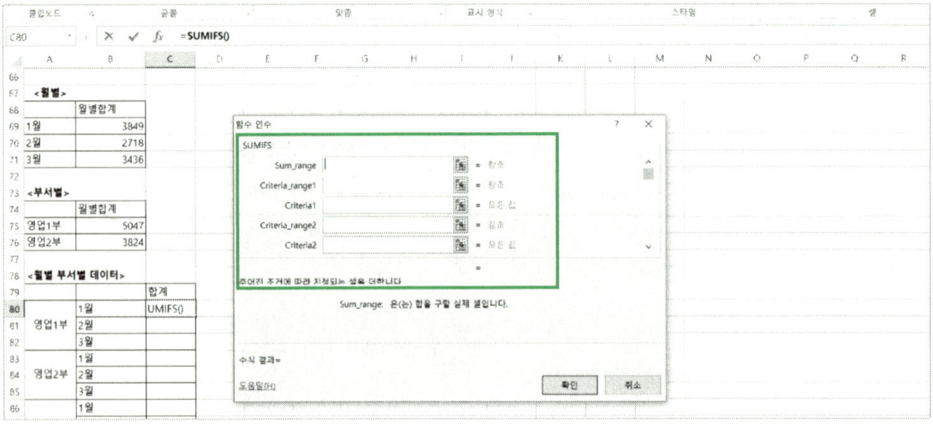

(1) 영업부별 월별 판매량 구하기

- 구하고자 하는 셀 [C80]을 클릭한다.
- 함수마법사에서 [SUMIF] 함수를 실행한다.

함수마법사	기재사항	해석
Sum_range	\$D\$45:\$D\$65	합을 구하고자 하는 범위
Criteria_range1	\$B\$45:\$B\$65	영업1부인 경우의 합을 구할 범위
Criteria	“영업1부”	영업1부인 경우
Criteria_range2	\$C\$45:\$C\$65	1월인 경우의 합을 구할 범위
Criteria	B80	1월인 경우

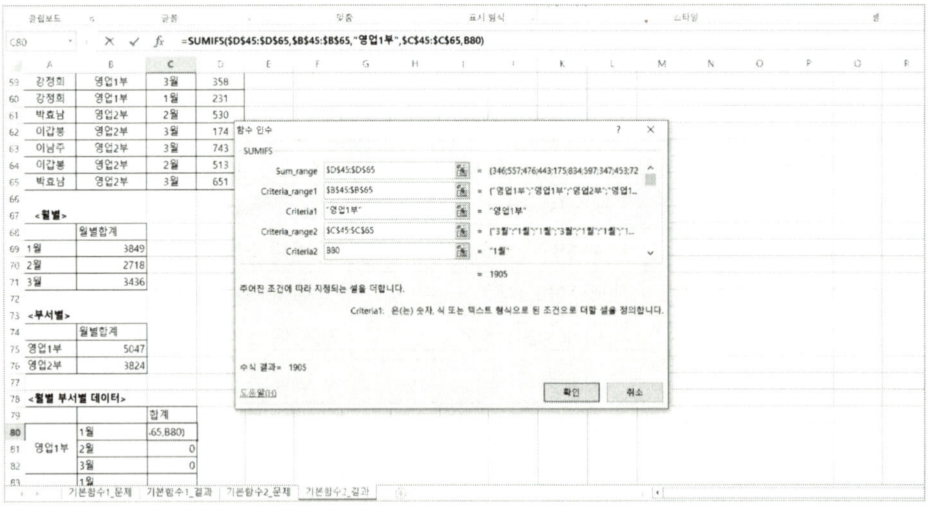

3 기본 함수 3 : COUNT, COUNTA, COUNTIF, COUNTBLANK

[연습시트 : 6장 예제 – 시트명 '기본함수3_문제']

1) COUNT

숫자가 입력된 셀의 개수를 구할 때 사용하는 함수이다.

1. [D6] 셀을 클릭한다.
2. 함수마법사에서 [COUNT] 함수를 실행한다.
3. Value 1 : 구하고자 하는 범위를 입력한다.
4. Value 2 : 선택하는 범위가 연결되어 있지 않고 2개 이상인 경우에 입력한다. 하나의 연결된 범위만 필요한 경우 입력하지 않아도 된다.

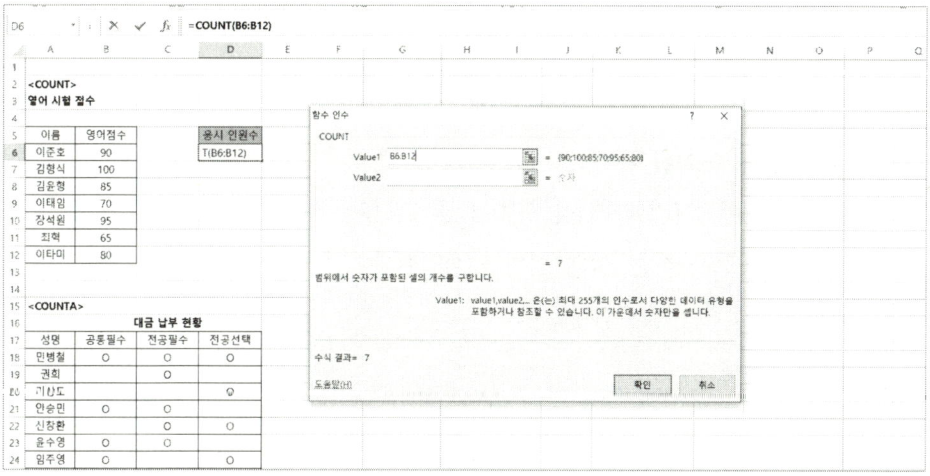

2) COUNTA

공백을 제외한 모든 데이터가 입력된 셀의 개수를 구할 때 사용하는 함수이다.

1. [B26] 셀을 클릭한다.
2. 함수마법사에서 [COUNTA] 함수를 실행한다.
3. Value 1 : 구하고자 하는 범위를 입력한다.

④ Value 2 : 선택하는 범위가 연결되어 있지 않고 2개 이상인 경우에 입력한다. 하나의 연결된 범위만 필요한 경우 입력하지 않아도 된다.

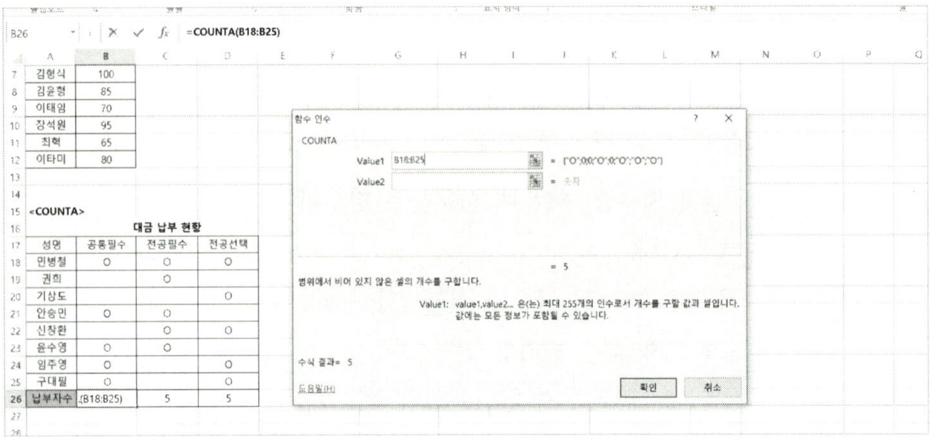

3) COUNTIF

조건에 해당하는 셀의 개수를 구할 때 사용하는 함수이다.

① [D34] 셀을 클릭한다.

② 함수마법사에서 [COUNTIF] 함수를 실행한다.

③ Range : 세고자 하는 셀의 범위를 설정한다.

④ Criteria : 조건을 입력한다.

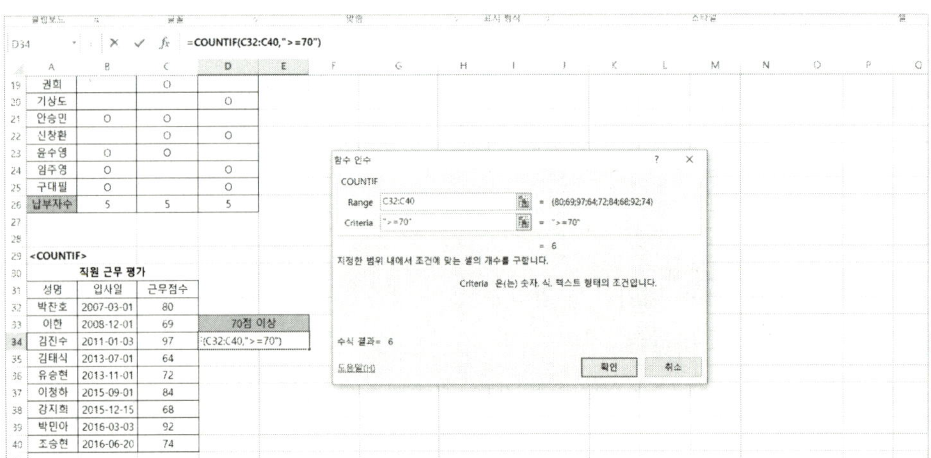

4) COUNTBLANK

비어있는 공백의 셀의 개수를 구할 때 사용하는 함수이다.

1 [C54] 셀을 클릭한다.

2 함수마법사에서 [COUNTBLANK] 함수를 실행한다.

3 Range : 세고자 하는 셀의 범위를 설정한다.

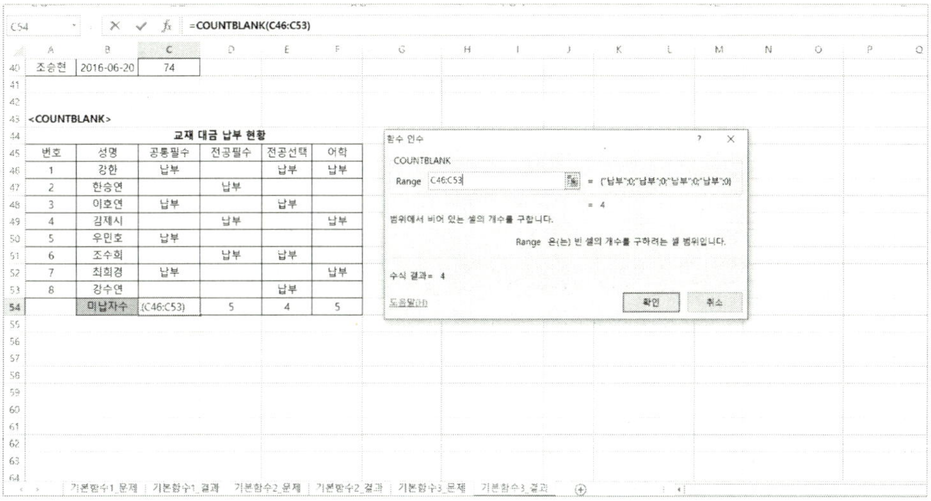

4 기본 함수 4 : RANK, ROUND, ROUNDUP, ROUNDDOWN

[연습시트 : 6장 예제 – 시트명 '기본함수4_문제']

1) RANK

- 데이터 간의 순위를 구하는 경우 사용하는 함수이다.
- 내림차순 : 큰 값에서 작은 값으로 순위를 매겨, 큰 값이 1등이 된다.
- 오름차순 : 작은 값에서 큰 값으로 순위를 매겨, 작은 값이 1등이 된다.

1 [C5] 셀을 클릭한다.

2 함수마법사에서 [RANK] 함수를 실행한다.

3 Number : 목록 내에서 순위를 구하려고 하는 셀을 입력한다.

4 Ref : 목록에 해당하는 셀을 입력한다. 자동채우기를 이용할 경우 절대참조로 입력한다.

5 Order : 내림차순으로 순위를 매길 경우 공란 또는 0을 입력한다. 반면, 오름차순으로 순위를 매길 경우 0이 아닌 다른 랜덤의 수를 입력한다.

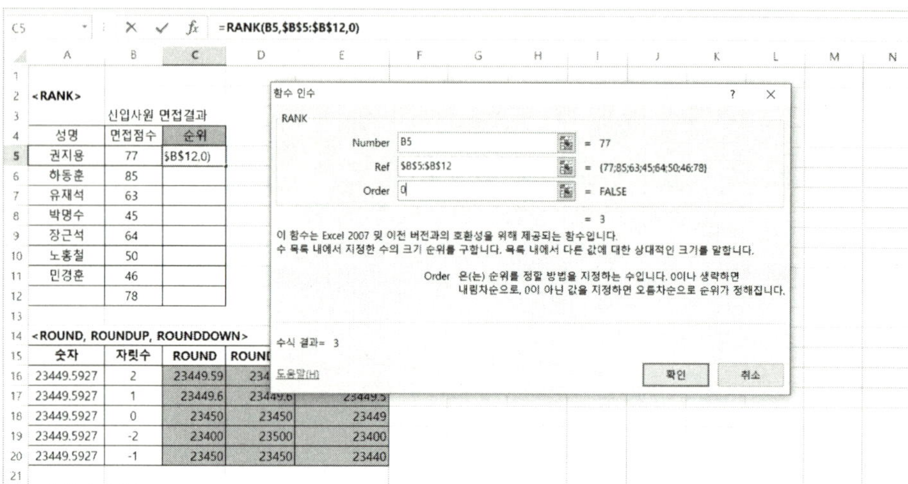

2) ROUND

데이터를 반올림할 경우에 사용하는 함수이다.

1 [C16] 셀을 클릭한다.

2 함수마법사에서 [ROUND] 함수를 실행한다.

3 Number : 반올림하려는 셀을 입력한다.

4 Num_digits : 소수점 아래의 자릿수를 입력한다.

Num_digits	해석
1	소수 첫째자리까지 나타낸다(소수 둘째자리에서 반올림한다.).
0	정수로 나타낸다(소수 첫째자리에서 반올림한다.).
−1	십의 단위까지 나타낸다(1의 자리에서 반올림한다.).
−3	천의 단위까지 나타낸다(100의 자리에서 반올림한다.).

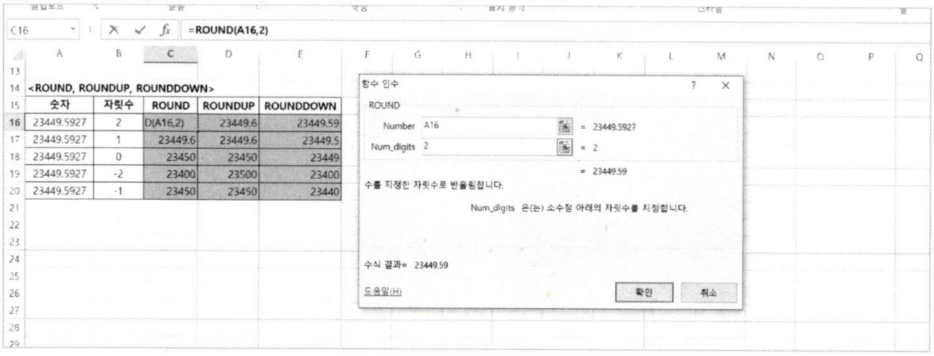

3) ROUNDUP

데이터를 올림할 경우에 사용하는 함수이다.

1 [D16] 셀을 클릭한다.

2 함수마법사에서 [ROUNDUP] 함수를 실행한다.

3 Number : 반올림하려는 셀을 입력한다.

4 Num_digits : 소수점 아래의 자릿수를 입력한다.

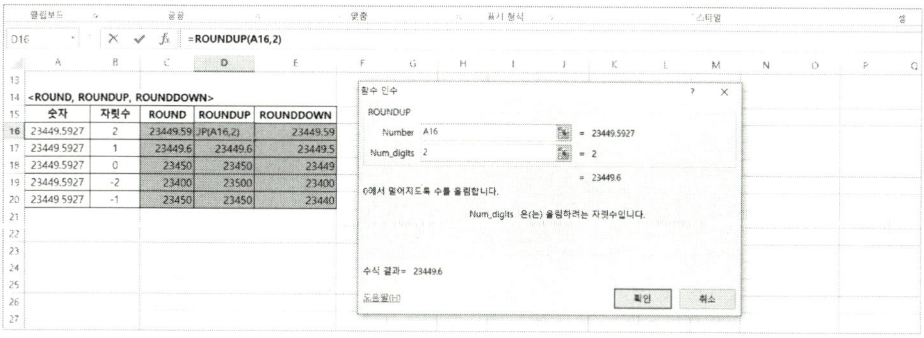

4) ROUNDDOWN

데이터를 내림할 경우에 사용하는 함수이다.

1 [E16] 셀을 클릭한다.

2 함수마법사에서 [ROUNDDOWN] 함수를 실행한다.

3 Number : 반올림하려는 셀을 입력한다.

④ Num_digits : 소수점 아래의 자릿수를 입력한다.

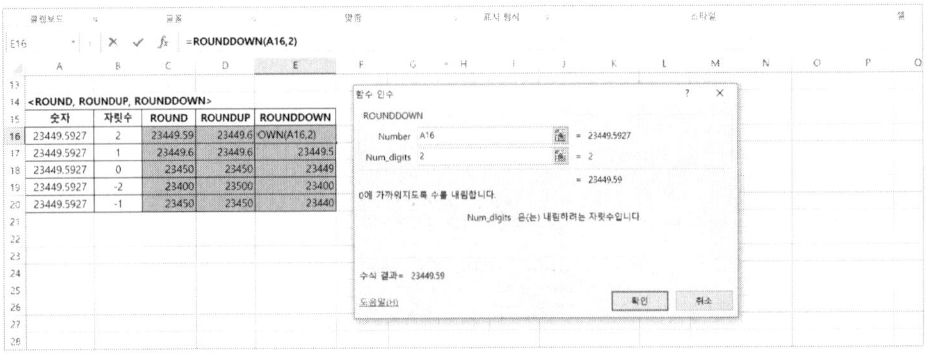

Chapter

07

고급 함수 활용하기

1. 논리 함수
2. 찾기/참조 함수
3. 텍스트 함수
4. 날짜/시간 함수

07 고급 함수 활용하기

Chapter

1 논리 함수

[연습시트 : 7장 예제 – 시트명 '논리함수_문제']

1) IF 중첩함수

조건이 여러 개인 경우 IF 함수를 중첩하여 사용한다.

ex 90점 이상이면 기획부, 80점 이상이면 총무부, 나머지는 영업부

=IF(점수>=90, "기획부", IF(점수>=80, "총무부", 영업부))

- 점수>=90 : 조건
- "기획부" : 참값
- IF(점수>=80, "총무부", 영업부) : 거짓값
  - 점수>=80 : 조건
  - "총무부" : 참값
  - 영업부 : 거짓값

- 수식을 입력하고자 하는 셀 [D4]를 클릭한다.
- 함수마법사에서 [IF] 함수를 실행한다.
- Logical_test : 첫 번째 조건을 입력한다.
- Value_if_true : 조건식이 참일 경우 나타내는 값을 입력한다.

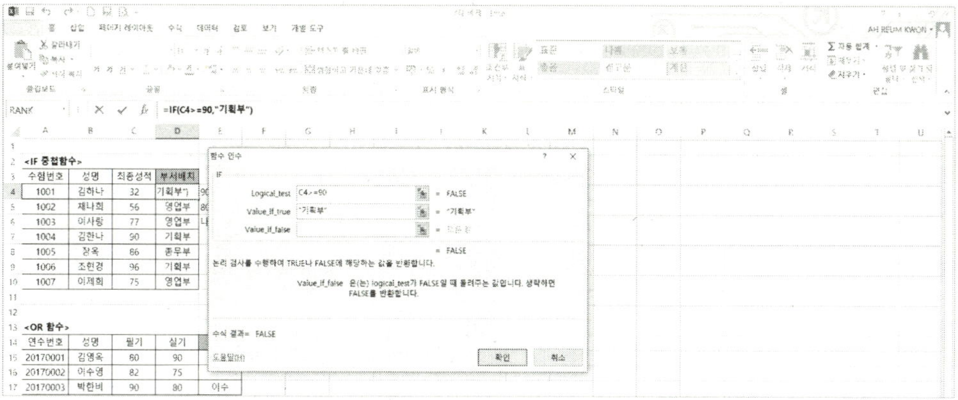

- Value_if_false에는 조건식이 거짓일 경우 나타내는 값을 입력한다. 여기서는 첫 번째 조건식이 90 이상이 안 될 경우에 해당하며 중첩으로 [IF] 함수를 다시 입력한다. 커서가 깜빡이는 상태에서 왼쪽 이름상자를 확장하여 [IF] 함수를 클릭한다. IF 함수가 없는 경우 제일 하단의 [함수 추가]를 클릭한다.

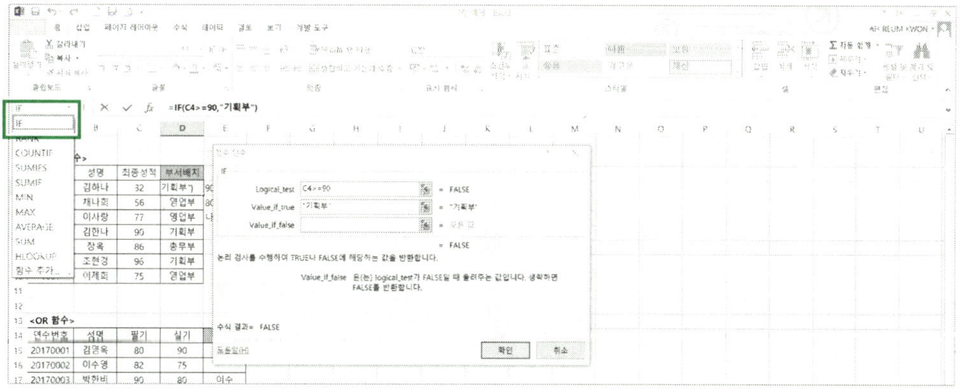

[IF] 함수를 클릭하면 아래와 같이 새로운 함수인수 대화상자가 나타난다.

- Logical_test : 두 번째 조건을 입력한다. 90점 이상은 아니지만, 80점 이상인 경우에 해당한다.
- Value_if_true : 두 번째 조건에서 참인 경우 나타나는 값을 입력한다. 즉, 80점 이상인 경우 "총무부"가 기재된다.
- Value_if_false : 두 번째 조건에서 거짓인 경우 나타나는 값을 입력한다. 즉, 80점 미만인 경우 "영업부"가 기재된다.

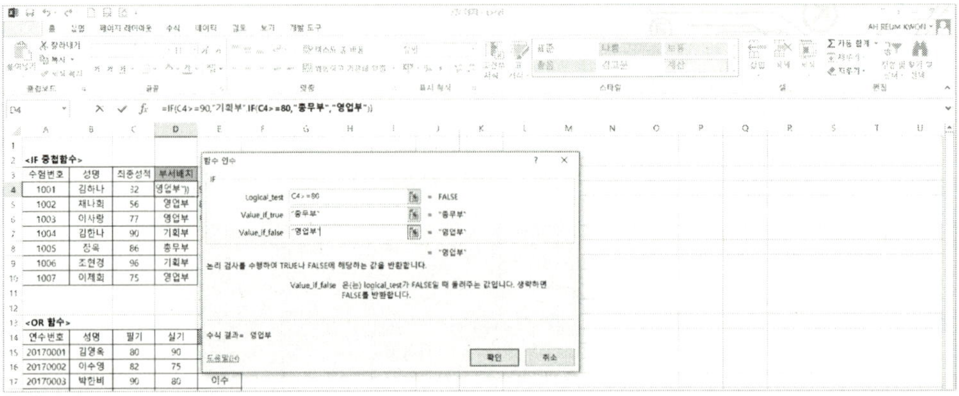

• 입력완료 후 첫 번째 IF 조건으로 돌아오기 위해 수식입력줄의 첫 번째 [IF]를 클릭한다.

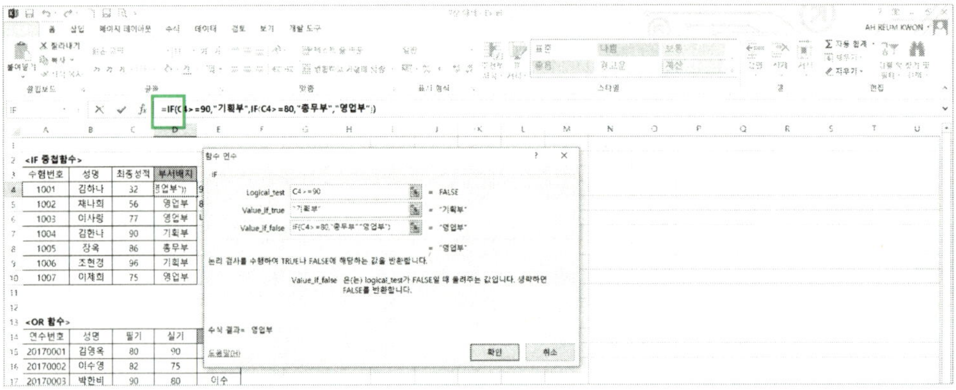

• 입력이 끝나면 '확인'을 누르고 자동채우기 핸들을 이용하여 완료한다.

함수마법사	기재사항	해석
Logical test	C4 > =90	첫 번째 조건을 입력
Value if true	"기획부"	조건식이 참일 때의 값(식)
Value if false	IF(C4 > =80, "총무부", "영업부")	조건식이 거짓일 때의 값(식)

2) OR 중첩 함수

두 개 이상의 조건 중 하나라도 만족하는 경우를 나타낼 때 OR 함수를 중첩하여 사용한다.

ex 필기가 80점 이상**이거나(OR)**, 실기가 90점 이상인 경우 "이수"로 표기
조건 참값

- 수식을 입력하고자 하는 셀 [E15]를 클릭한다.
- 함수마법사에서 [IF] 함수를 실행한다.
- Logical_test : 첫 번째 조건을 입력한다. OR 함수를 입력하기 위해 커서가 깜빡이는 상태에서 왼쪽 이름상자를 확장하여 [OR] 함수를 클릭한다. OR 함수가 나타나지 않는 경우 하단의 [함수 추가]에서 [OR] 함수를 검색하여 추가한다.

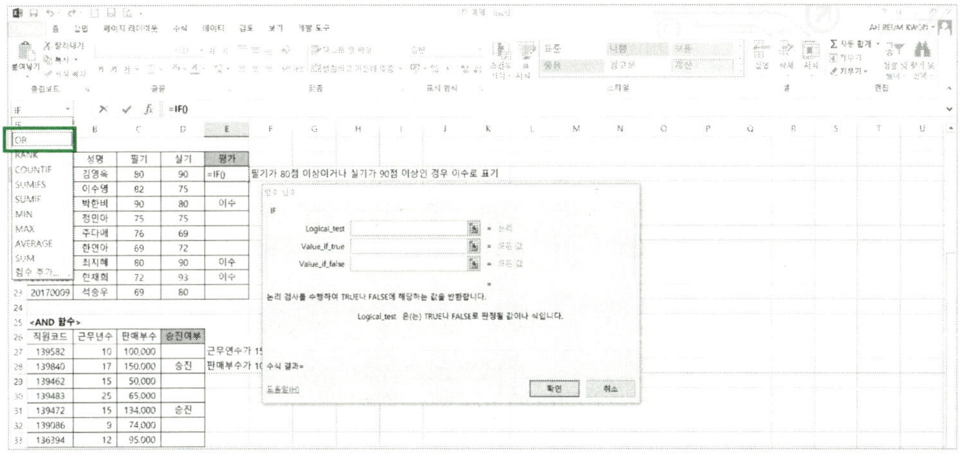

- OR 함수 인수 대화상자가 나타나는 경우 Logical 1에 첫 번째 조건을 입력(C15>=80)하고, Logical 2에 두 번째 조건(D15>=90)을 입력한다.

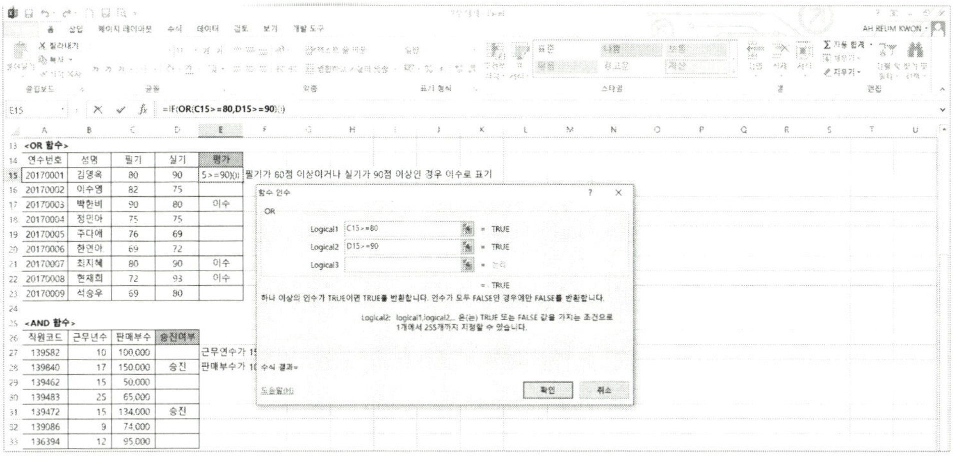

- 입력완료 후 다시 IF 조건으로 돌아오기 위해 수식입력줄의 첫 번째 [IF]를 클릭한다.
- IF 함수 인수에서 Value_if_true에는 참인 경우에 입력되는 "이수"를 기재하고, Value_if_false 에는 ""만 입력하여 빈 칸으로 나타나게 한다.

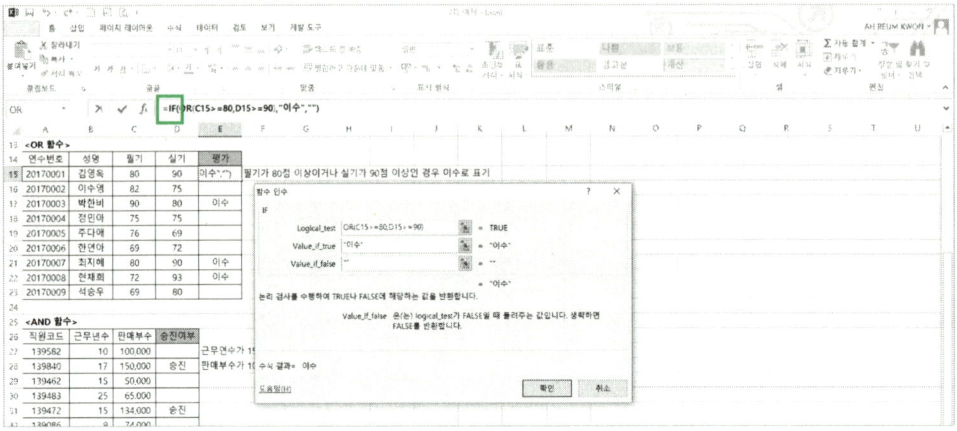

- 입력이 끝나면 '확인'을 누르고 자동채우기 핸들을 이용하여 완료한다.

함수마법사	기재사항	해석
Logical test	OR(C15>=80,D15>=90)	두 개의 조건 중 하나라도 만족하는 경우
Value if true	"이수"	조건식이 참일 때의 값(식)
Value if false	""	조건식이 거짓일 때의 값(식)

3) AND 중첩 함수

조건이 여러 개인 경우 IF 함수를 중첩하여 사용한다.

ex 필기가 80점 이상**이고(AND)**, 실기가 90점 이상인 경우 "이수"로 표기
조건 참값

- 수식을 입력하고자 하는 셀 [D27]을 클릭한다.
- 함수마법사에서 [IF] 함수를 실행한다.
- Logical_test : 첫 번째 조건을 입력한다. AND 함수를 입력하기 위해 커서가 깜빡이는 상태에서 왼쪽 이름상자를 확장하여 [AND] 함수를 클릭한다. AND 함수가

나타나지 않는 경우 하단의 [함수 추가]에서 [AND] 함수를 검색하여 추가한다.

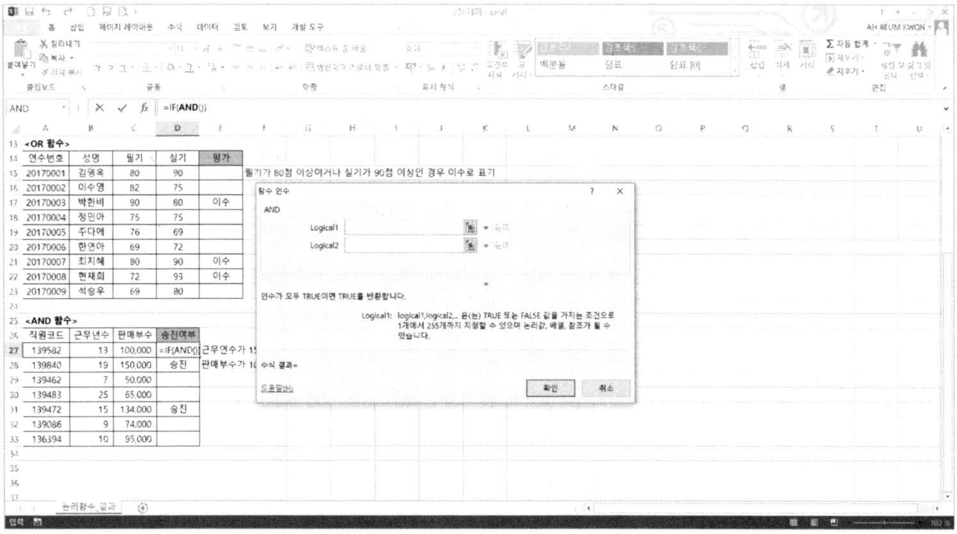

- AND 함수 인수 대화상자가 나타나는 경우 Logical 1에 첫 번째 조건을 입력(B27>=15)하고, Logical 2에 두 번째 조건(C27>=100,000)을 입력한다.

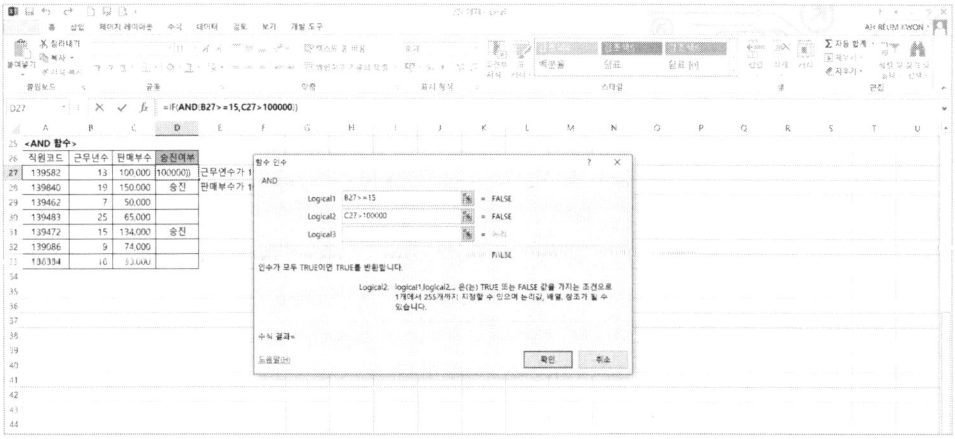

- 입력완료 후 다시 IF 조건으로 돌아오기 위해 수식입력줄의 첫 번째 [IF]를 클릭한다.
- IF 함수 인수에서 Value_if_true에는 참인 경우에 입력되는 "승진"을 기재하고, Value_if_false에는 ""만 입력하여 빈 칸으로 나타나게 한다.

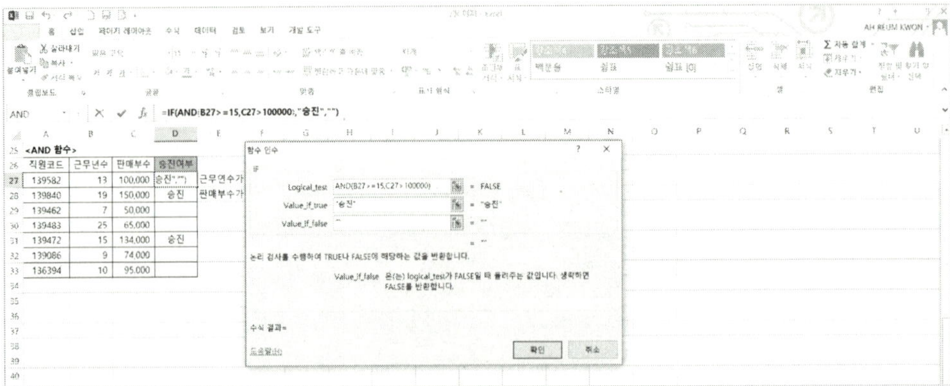

- 입력이 끝나면 '확인'을 누르고 자동채우기 핸들을 이용하여 완료한다.

2 찾기/참조 함수

[연습시트 : 7장 예제 – 시트명 '찾기참조함수_문제']

1) VLOOKUP

VLOOKUP은 데이터 범위에서 첫 번째 열에서 세로 방향으로 검색하면서 원하는 값을 추출하는 함수이다.

- 수식을 입력하고자 하는 셀 [D5]를 클릭한다.
- 함수마법사에서 [VLOOKUP] 함수를 실행한다.
- Lookup_value : 표의 첫 열에서 찾고자 하는 값을 설정한다. 여기서는 A등급의 평가점수를 찾고자 하므로 C5가 된다.
- Table_array : 데이터를 찾거나 추출하고자 하는 표를 말한다. 좌측의 A등급에 해당하는 평점을 오른쪽 표에서 찾는 것이다. 오른쪽 표를 선택할 때에는 면접등급이나 평점과 같은 상단은 포함하지 않고 데이터 부분만 선택하여 절대참조로 만들어준다.

- Col_index_num : table array 내에서 해당하는 열의 번호를 말한다. 여기서는 평점 열인 2가 해당된다.
- Range_lookup : 정확하게 일치하는 값을 찾으려면 "False"를 입력하고, 비슷하게 일치하는 값을 찾으려면 "True"를 입력한다.

tip 비슷하게 일치하는 값을 찾길 원하는 경우, Table array는 오름차순으로 정리되어 있어야 한다.

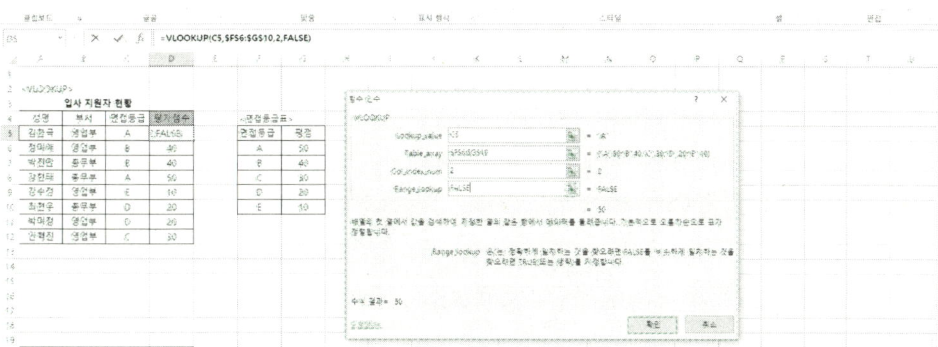

2) HLOOKUP

HLOOKUP은 데이터 범위에서 첫 번째 열에서 가로 방향으로 검색하면서 원하는 값을 추출하는 함수이다.

- 수식을 입력하고자 하는 셀 [C18]을 클릭한다.
- 함수마법사에서 [HLOOKUP] 함수를 실행한다.
- Lookup_value : 표의 첫 열에서 찾고자 하는 값을 설정한다. 여기서는 해당 연봉의 대출금액을 찾고자 하므로 [B18]이 된다.
- Table_array : 데이터를 찾거나 추출하고자 하는 표를 말한다. 좌측의 해당 연봉에 해당하는 대출금액을 하단의 표에서 찾는 것이다. 하단의 표를 선택할 때에는 연봉이나 대출 가능액과 같은 왼쪽열은 포함하지 않고 데이터 부분만 선택하여 절대참조로 만들어 준다.
- Col_index_num : table array 내에서 해당하는 열의 번호를 말한다. 여기서는 대출 가능행 행인 2가 해당된다.

- Range_lookup : 정확하게 일치하는 값을 찾으려면 "False"를 입력하고, 비슷하게 일치하는 값을 찾으려면 "True"를 입력한다.

tip 비슷하게 일치하는 값을 찾길 원하는 경우, Table array는 오름차순으로 정리되어 있어야 한다.

즉, 연봉 1,000~3,000만 원까지는 200만 원 대출 가능 /
연봉 3,000~4,000만 원까지는 1,000만 원 대출 가능 /
연봉 4,000~5,000만 원까지는 1,500만 원 대출 가능 /
연봉 5,000만원 이상은 2,000만원 대출 가능에 해당한다.

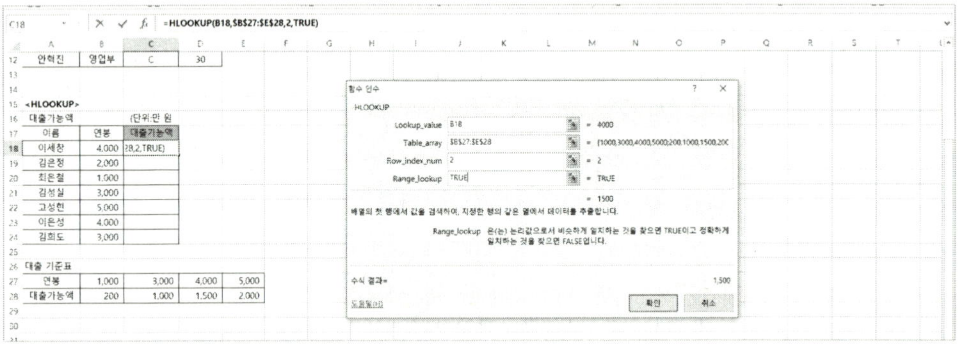

3) CHOOSE

CHOOSE는 인덱스 번호에 따라 원하는 목록을 설정하여 인덱스 값 목록을 찾을 때 사용한다. 즉, 1=D, 2=G, 3=J라고 설정할 경우 추출된 숫자가 1, 2, 3에 따라 D, G, J로 기록된다.

- 수식을 입력하고자 하는 셀 [D34]를 클릭한다.
- 함수마법사에서 [CHOOSE] 함수를 실행한다.
- Index_num : 사원코드의 뒷자리를 추출하는 함수를 만들기 위해 "RIGHT(셀, 1)"을 기입한다.
- Value 1 : 추출된 숫자가 1일 경우 입력할 텍스트 "영업부"를 입력한다.
- Value 2 : 추출된 숫자가 2일 경우 입력할 텍스트 "인사부"를 입력한다.
- Value 3 : 추출된 숫자가 3일 경우 입력할 텍스트 "총무부"를 입력한다.
- Value 4 : 추출된 숫자가 4일 경우 입력할 텍스트 "기획부"를 입력한다.

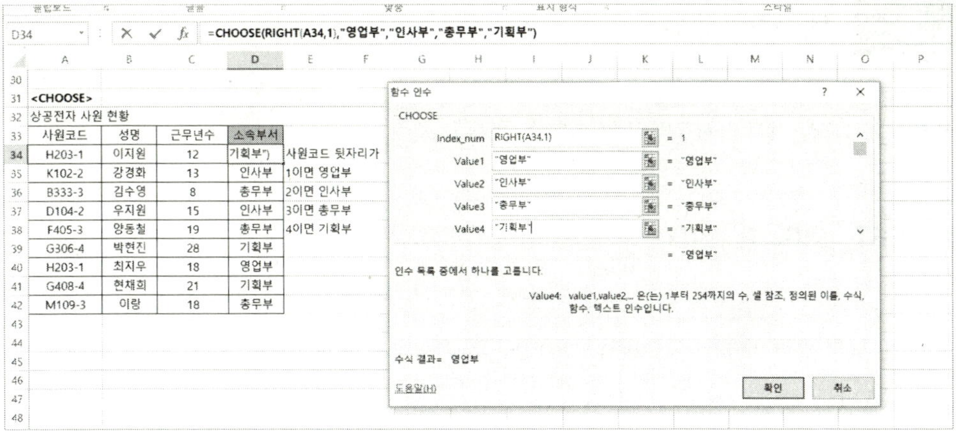

4) ROW, COLUMN

- ROW : 현재 셀의 행번호를 알려주는 함수이다. "ROW(A46)"을 입력하면 [A46]의 행번호가 나온다.

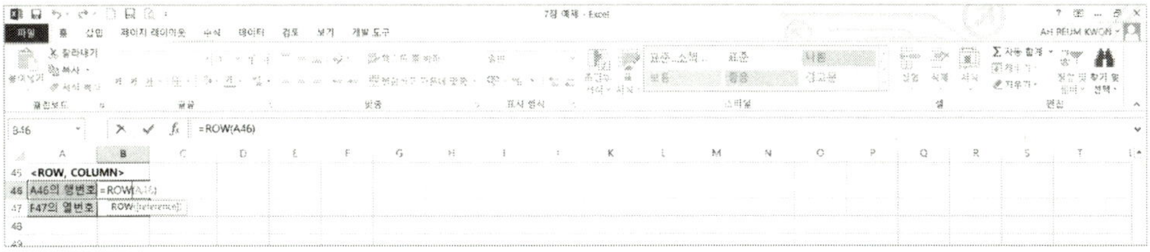

- COLUMN : 현재 셀의 열번호를 알려주는 함수이다. "ROW(F47)"을 입력하면 [F47]의 열번호가 나온다.

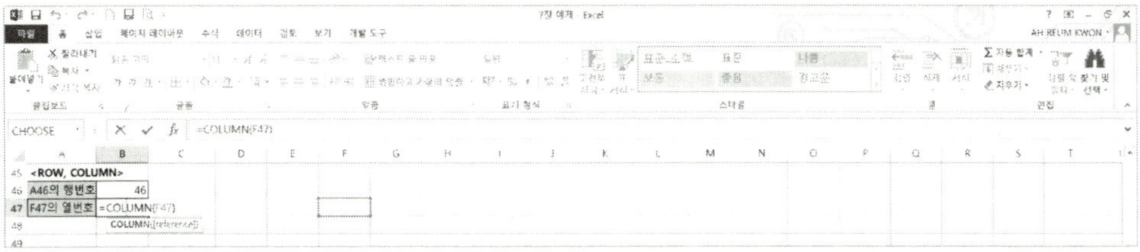

3 텍스트 함수

[연습시트 : 7장 예제 – 시트명 '텍스트함수_문제']

1) LEFT, RIGHT, MID

LEFT, RIGHT, MID는 문자열에서 일부 글자를 추출할 경우에 사용하는 함수이다. LEFT는 왼쪽에서부터 추출, RIGHT는 오른쪽에서부터 추출, MID는 문자열 중간에 있는 글자 일부 추출 시에 사용한다.

- 수식을 입력하고자 하는 셀 [D4]를 클릭한다.
- 함수마법사에서 [LEFT] 함수를 실행한다.
- TEXT : 추출을 원하는 셀을 입력한다.
- Num_chars : 지정한 수만큼 왼쪽에서 추출한다.

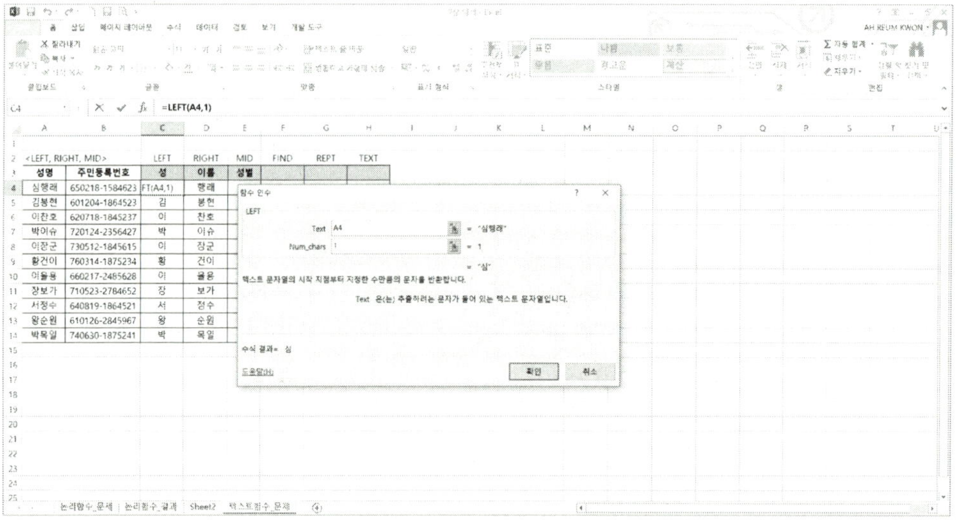

- 수식을 입력하고자 하는 셀 [E4]를 클릭한다.
- 함수마법사에서 [RIGHT] 함수를 실행한다.
- TEXT : 추출을 원하는 셀을 입력한다.
- Num_chars : 지정한 수만큼 오른쪽에서 추출한다.

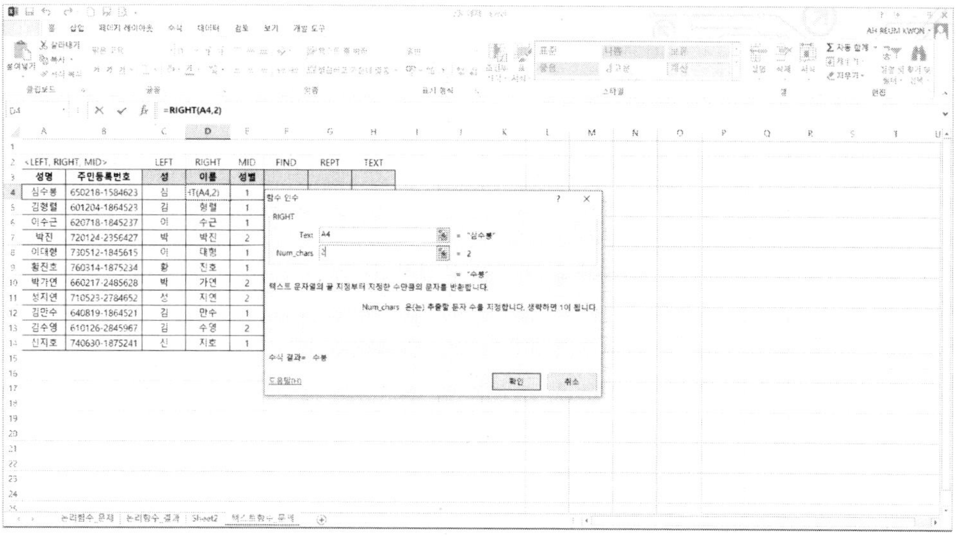

- 수식을 입력하고자 하는 셀 [F4]를 클릭한다.
- 함수마법사에서 [MID] 함수를 실행한다.
- TEXT : 추출을 원하는 셀을 입력한다.
- Start_chars : 추출을 시삭하고자 하는 위치를 숫자로 지정한다.
- Num_chars : 지정한 수만큼 오른쪽에서 추출한다.

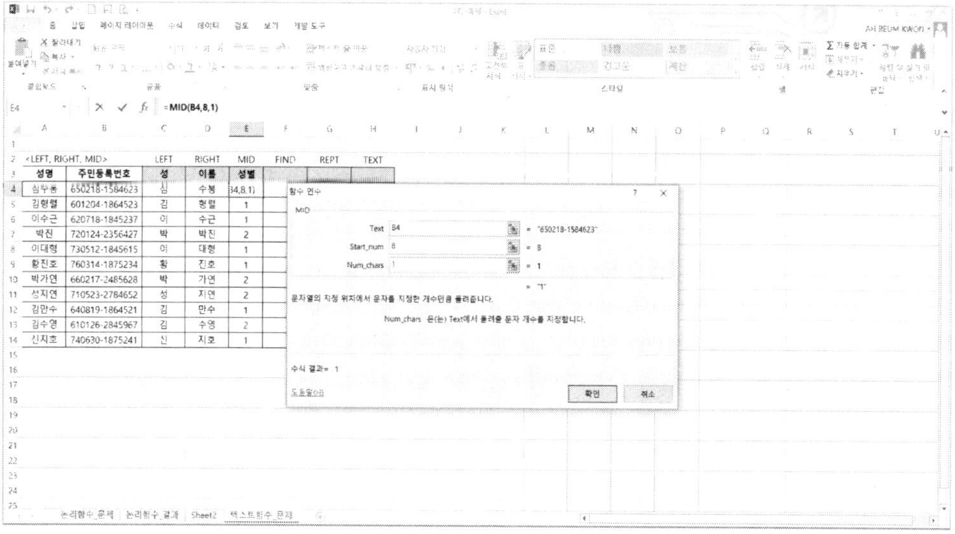

2) REPT

REPT는 텍스트를 주어진 횟수만큼 반복하여 셀에 나타나게 하는 함수이다.

- 수식을 입력하고자 하는 셀 [G4]를 클릭한다.
- 함수마법사에서 [LEFT] 함수를 실행하여 앞에 7자리를 추출한다.
- LEFT 함수와 REPT 함수 사이에 "&"를 삽입한다.
- [REPT] 함수를 실행한다.
- TEXT : 반복하고자 하는 문자를 기입한다.
- Num_chars : 지정한 수만큼 기입한 문자가 반복된다.

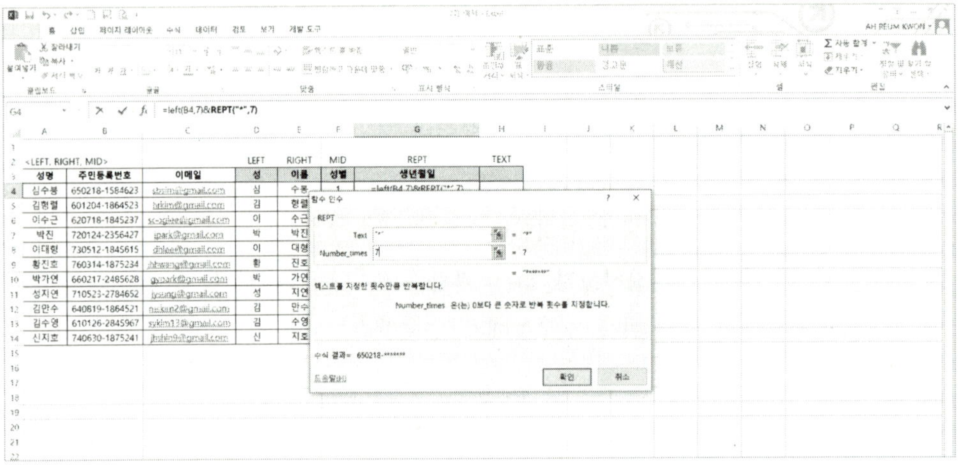

4 날짜/시간 함수

[연습시트 : 7장 예제 – 시트명 '텍스트함수_문제']

1) NOW

- 현재 날짜와 시간이 입력된다.
- 문서를 열 때마다 변경된다.

- 괄호 안에 기입할 인수가 없다.
- 수식 : Now()

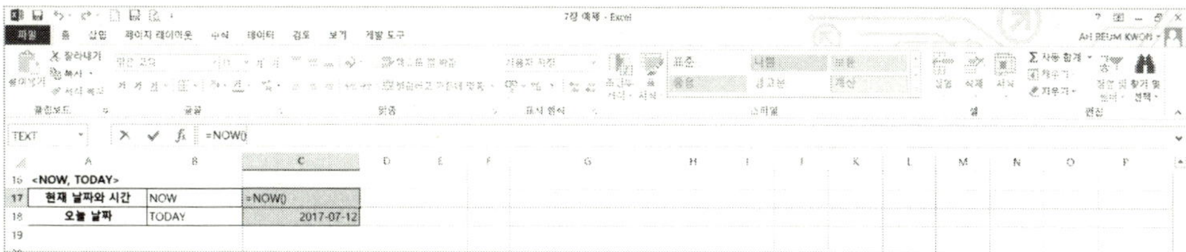

2) TODAY

- 현재 날짜와 시간이 입력된다.
- 문서를 열 때마다 변경된다.
- 괄호 안에 기입할 인수가 없다.
- 수식 : =TODAY()

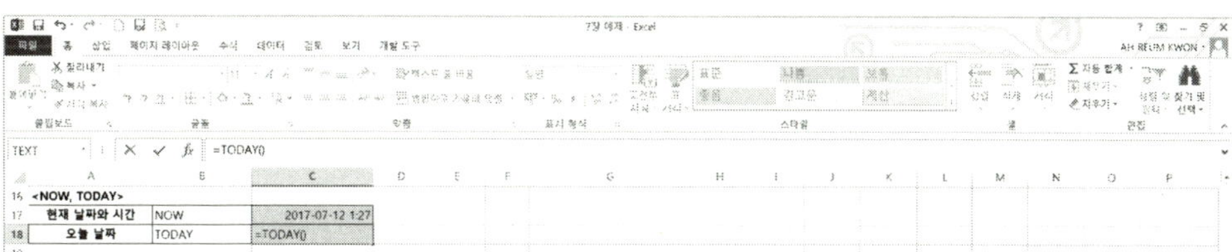

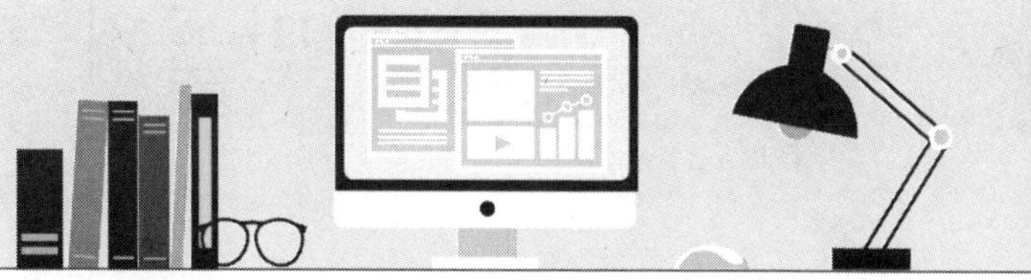

Chapter

08

차트 만들기

08 차트 만들기

Chapter

1 차트 종류 및 삽입하기

1) 차트의 종류

종류	설명
세로 막대형	시간적인 추이나 일정기간 동안 항목 간의 데이터를 비교하는 경우 사용한다.
꺾은선형	일정기간 동안 데이터가 변하는 추이를 나타낼 경우 사용한다.
원형	데이터 전체에서 각 항목의 비율을 나타낼 때 사용한다.
가로 막대형	각 계열의 항목값을 비교할 때 사용한다.
영역형	시간의 흐름에 따라 데이터의 변화를 강조할 때 사용한다. 전체와 부분 간의 관계 확인이 가능하다.
분산형, 거품형	X, Y 좌표에 표식을 나타내어 불규칙한 간격이나 분포를 나타낼 때 사용한다.
주식형	주식 가격과 거래량의 추이 변동을 나타낼 때 사용한다.
표면형	지도에서 색, 무늬를 다르게 표시한 대형지도를 그릴 때 사용한다.
방사형	데이터가 중심에서 퍼져나가는 형태를 강조하며, 각 값을 모두 선으로 연결하여 나타낸다.
콤보형	두 종류 이상의 차트를 나타낼 때 사용한다.

[연습시트 : 8장 예제 – 시트명 '세로막대차트_문제']

2) 차트 만들기

- 차트를 만들고자 하는 표 [A3:G14]를 범위로 지정한다.
- [삽입] – [차트]에서 [추천 차트]를 클릭한다.

• [추천 차트] 목록에서 [모든 차트] 탭에서 [세로 막대형] 차트를 클릭 후 '확인'을 누른다.

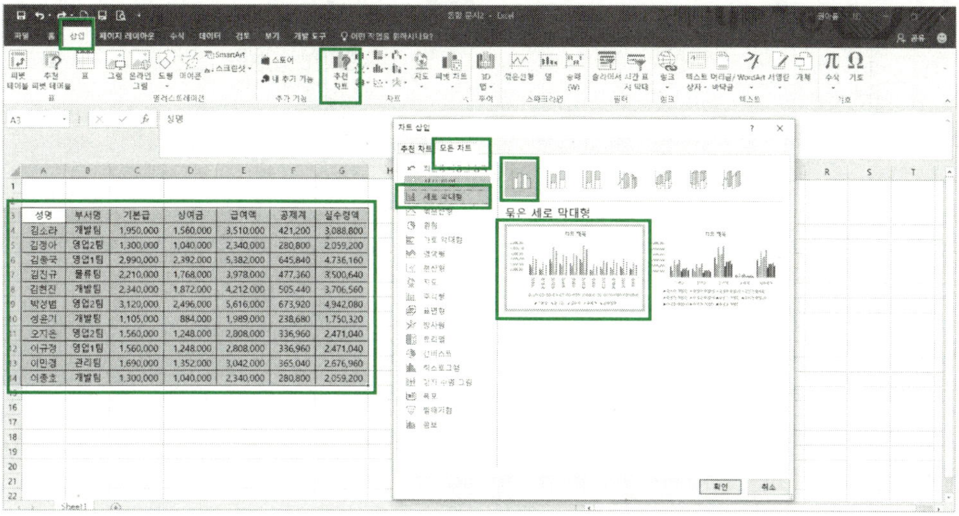

3) 차트 크기 조절하기

차트를 클릭 후 셀 위치를 이동하거나 차트 조절점을 드래그하여 크기를 조절할 수 있다.

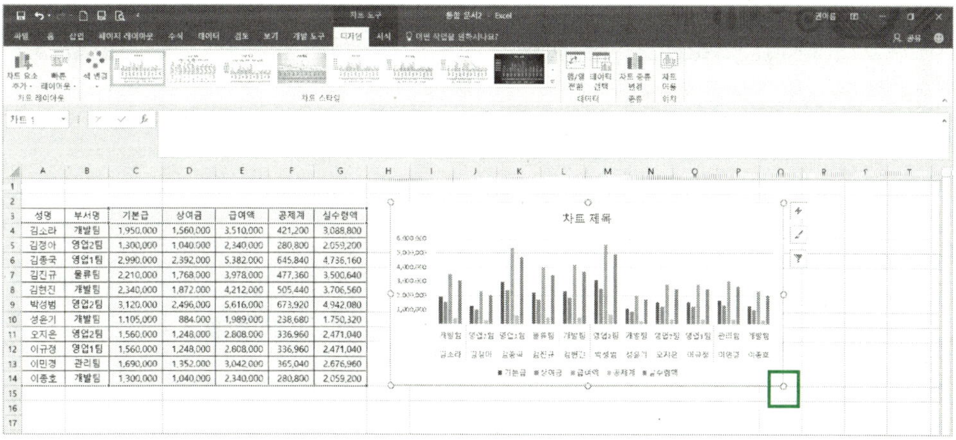

4) 차트 종류 변경하기

차트를 클릭 후 상단에 [차트 종류 변경]을 클릭하면 변경을 원하는 차트 종류를 다시 선택할 수 있다.

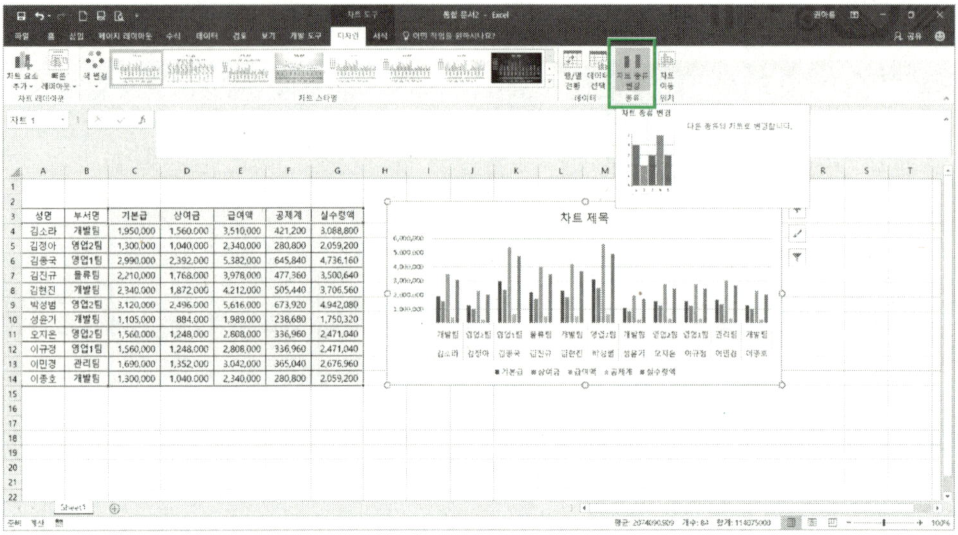

5) 차트 레이아웃 변경하기

차트를 클릭 후 상단에 [빠른 레이아웃]을 선택하면 원하는 레이아웃으로 변경할 수 있다.

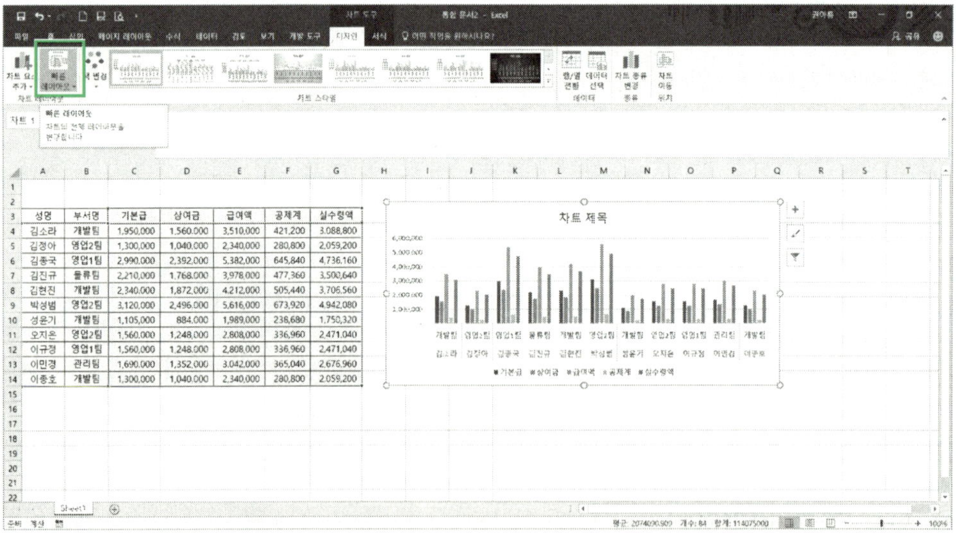

6) 차트 제목 입력하기

- 차트 제목을 클릭한 후 제목을 "사원급여현황"으로 변경한다.
- 제목의 글씨체, 색상, 크기 등 서식 변경을 원하는 경우 제목을 클릭한 후 [홈]-[글꼴]에서 설정한다.

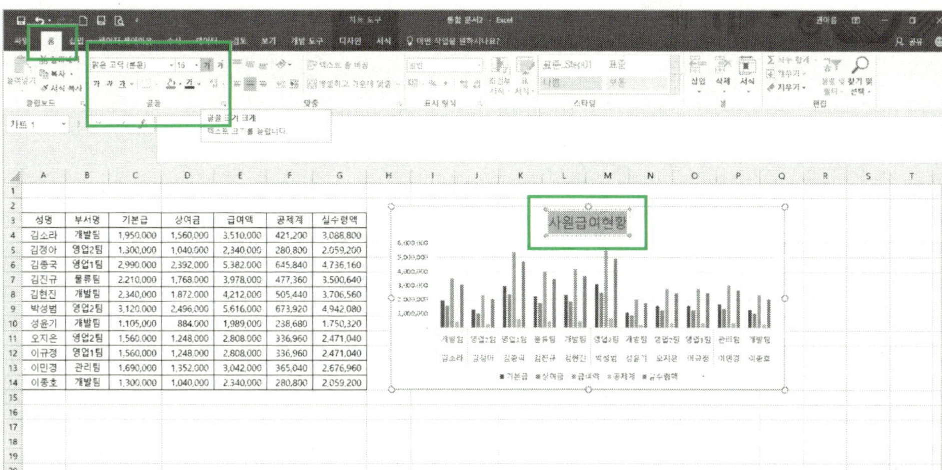

7) 색 변경하기

차트 영역이 선택된 상태에서 [디자인]-[차트 스타일]-[색 변경]을 클릭한 후 [다양한 색상표 3]을 선택한다.

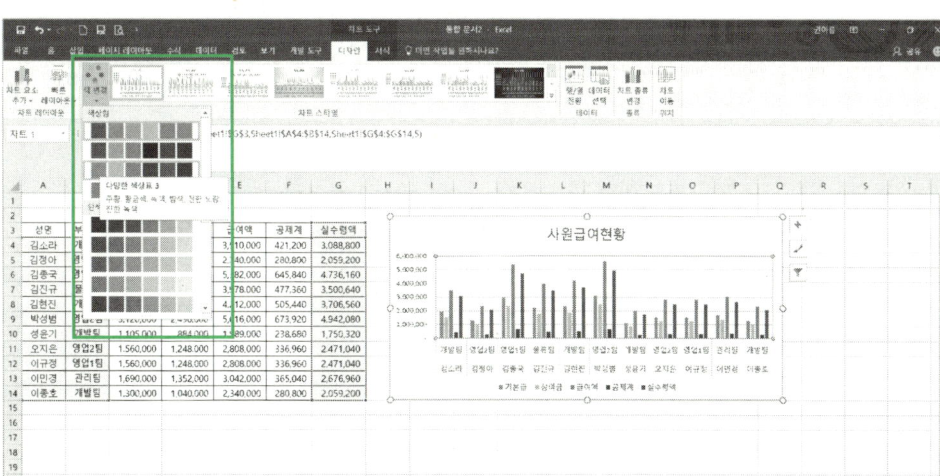

8) 차트 스타일 변경하기

차트 영역을 선택한 후 [디자인]–[차트 스타일] 그룹에서 [스타일2]를 선택한다.

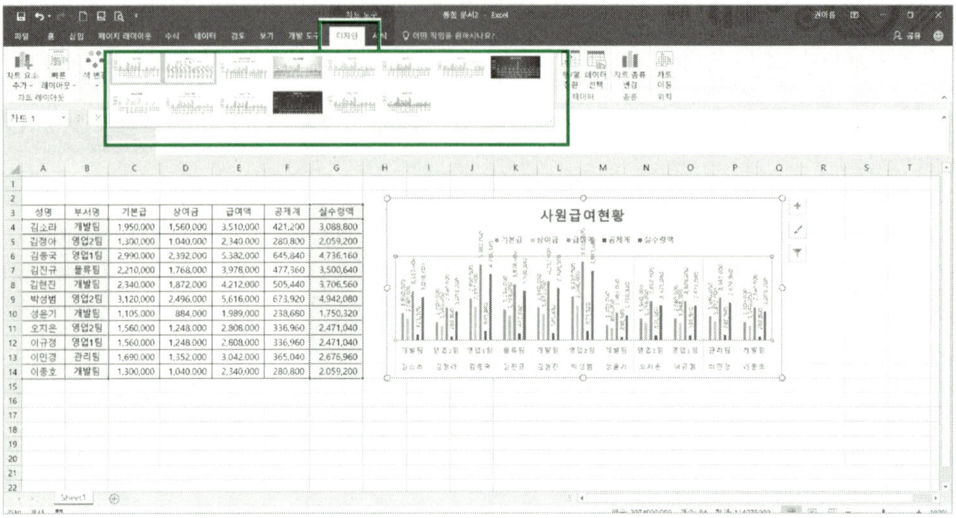

9) 차트 이동하기

- 차트 영역을 선택한 후 [디자인]–[차트 이동 위치]에서 [차트이동]을 클릭한다.
- 차트 이동 대화상자에서 새 시트를 선택한 후 "사원급여현황"이라고 기재한다.

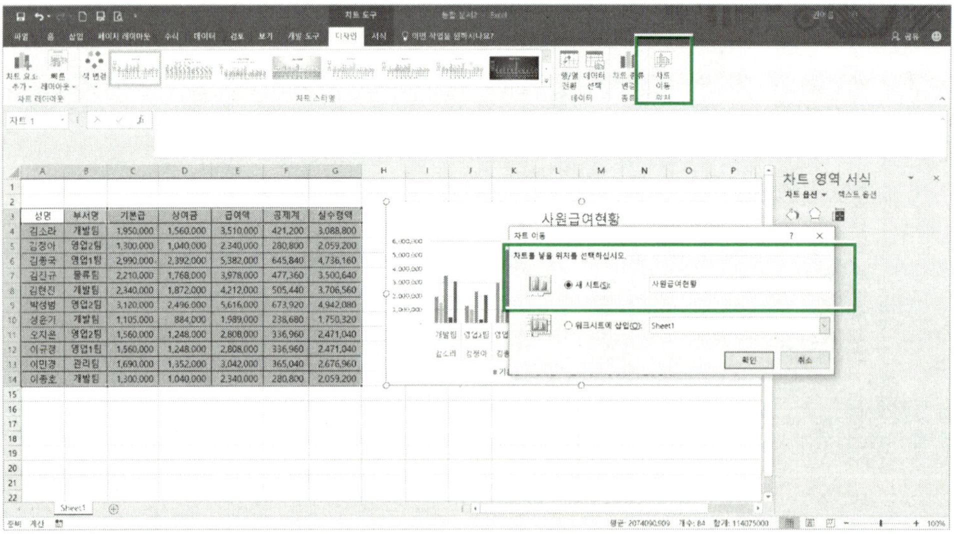

• '확인'을 누르면 사원급여현황 시트가 추가되고 차트가 추가된 시트로 이동한다.

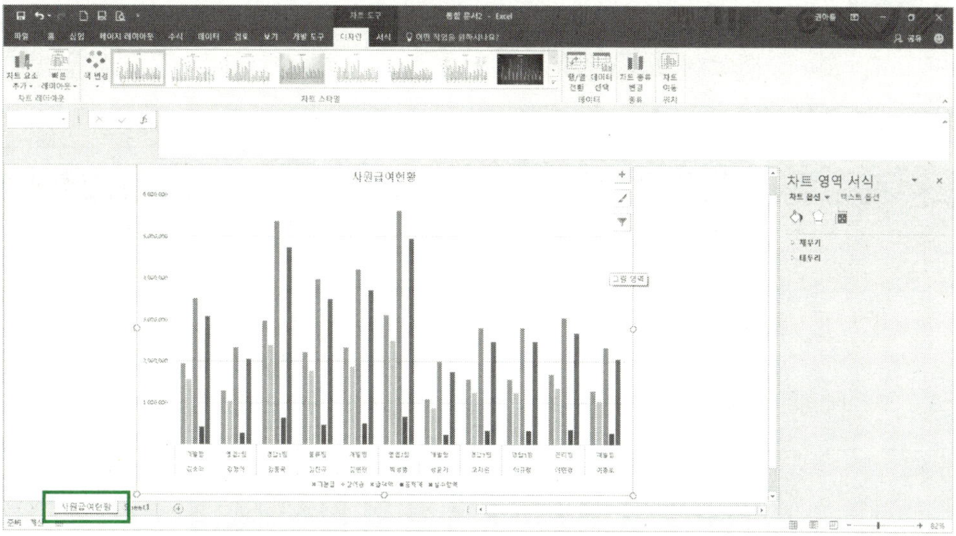

10) 차트 데이터 필터하기

• 원하는 데이터만 차트에 나타나게 선택하는 방법으로, 차트 선택 후 [차트 필터]를 선택한다.

• 급여액과 공제계에 선택을 해제한 후 아래 '적용'을 누른다.

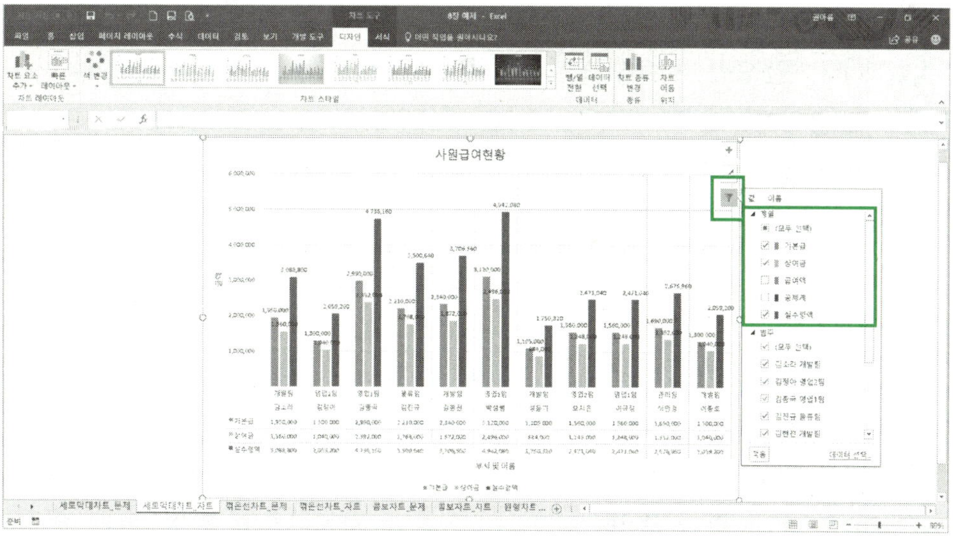

2 차트 구성요소 및 차트 꾸미기

1) 차트 구성 요소

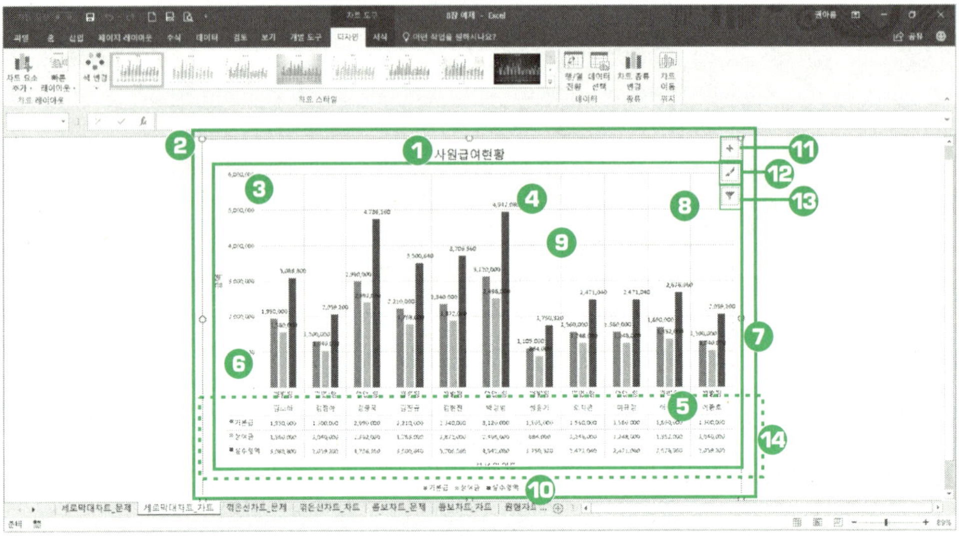

❶ **차트 제목** : 차트의 제목을 표시하는 부분이다.

❷ **차트 영역** : 차트 전체 영역에 해당하는 부분이다.

❸ **그림 영역** : 차트가 그려지는 영역이다.

❹ **데이터 계열/요소** : 데이터 요소나 값을 막대, 점, 영역 등으로 나타내는 부분이다.

❺ **가로(항목)축** : 데이터 계열의 이름을 표시한다.

❻ **세로(값)축** : 데이터 계열의 값을 표시한다.

❼ **보조 세로(값)축** : 두 번째 세로축으로 보조축의 역할을 한다.

❽ **눈금선** : 데이터 값을 쉽게 읽을 수 있도록 가로/세로축을 선으로 표시한다.

❾ **데이터 레이블** : 데이터 계열의 값 또는 이름을 말한다.

❿ **범례** : 데이터 계열을 구분할 수 있도록 계열별로 이름이나 색을 나타낼 수 있다.

⓫ **차트 요소** : 축 제목, 데이터 레이블 등을 말한다.

⓬ **차트 스타일** : 차트 스타일, 색 등 디자인적 요소를 정할 수 있다.

⓭ **차트 필터** : 원하는 데이터 계열과 범주만을 선택하여 나타낼 수 있다.

⑭ 데이터표 : 차트의 원본 데이터를 표시할 수 있다.

[연습시트 : 8장 예제 – 시트명 '꺾은선 차트_문제']

2) 꺾은선 차트 만들기

- 차트를 만들고자 하는 표를 범위([A4:G7])로 지정한다.
- [삽입]–[차트]에서 [추천 차트]를 클릭한다.
- [추천 차트] 목록에서 [모든 차트]–[꺾은선형] 차트를 클릭 후 '확인'을 누른다.

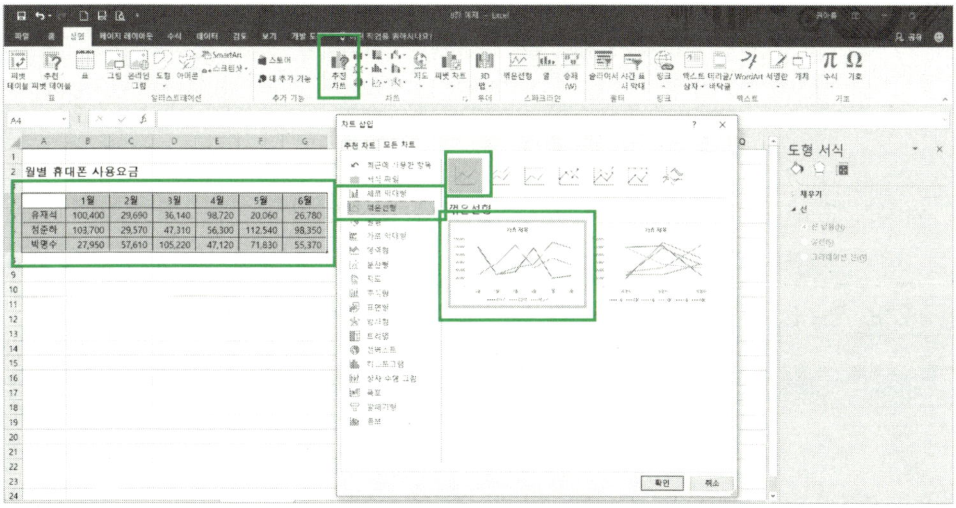

- 차트 제목은 "월별 휴대폰 사용요금"으로 변경한다.

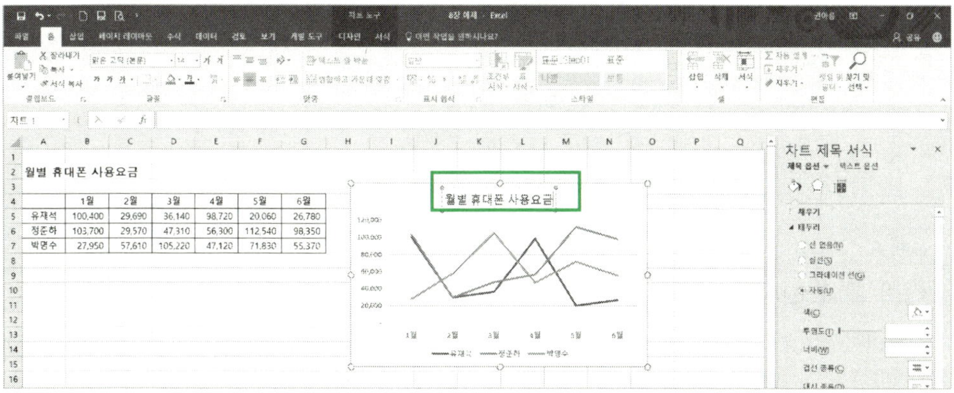

• 차트를 클릭한 후 [+]를 눌러 [축 제목]을 클릭한 후, X축 제목은 "사용 월", Y축 제목은 "금액"으로 변경한다.

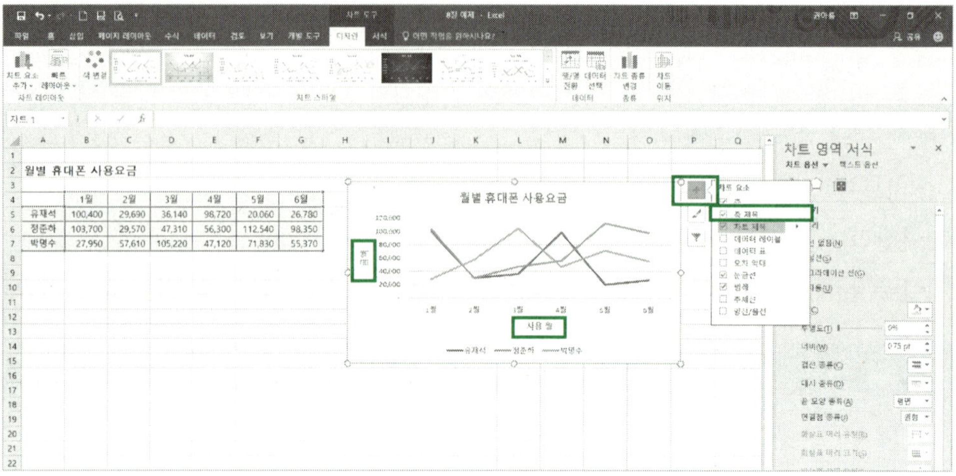

• [차트 요소]에서 [데이터 레이블]을 체크한 후 오른쪽 화살표를 눌러 위치를 [아래쪽]으로 선택한다. 이때 데이터 레이블이 서로 겹치거나 표에 걸쳐져서 잘 보이지 않은 경우는 해당 데이터 레이블을 선택한 후 위치를 이동시킨다.

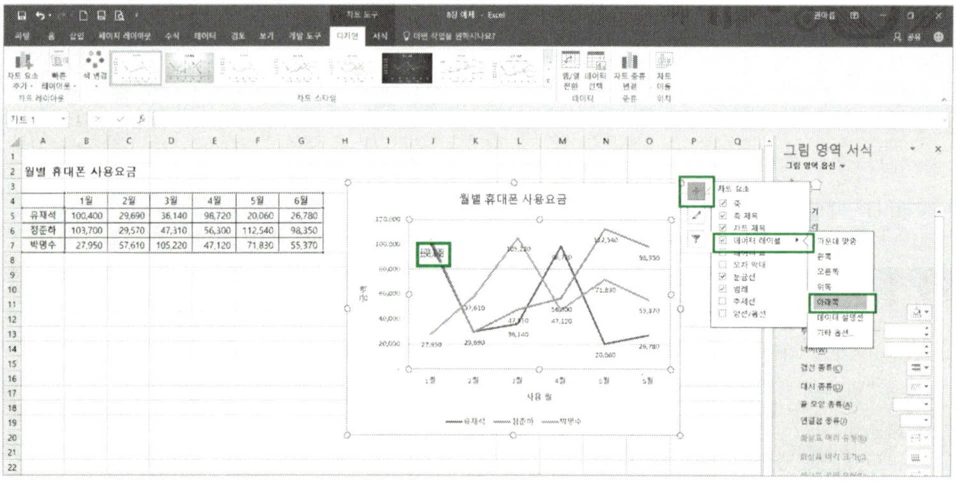

• [차트 요소]에서 [범례]를 선택하고 오른쪽 화살표를 눌러 [오른쪽]으로 위치시킨다.

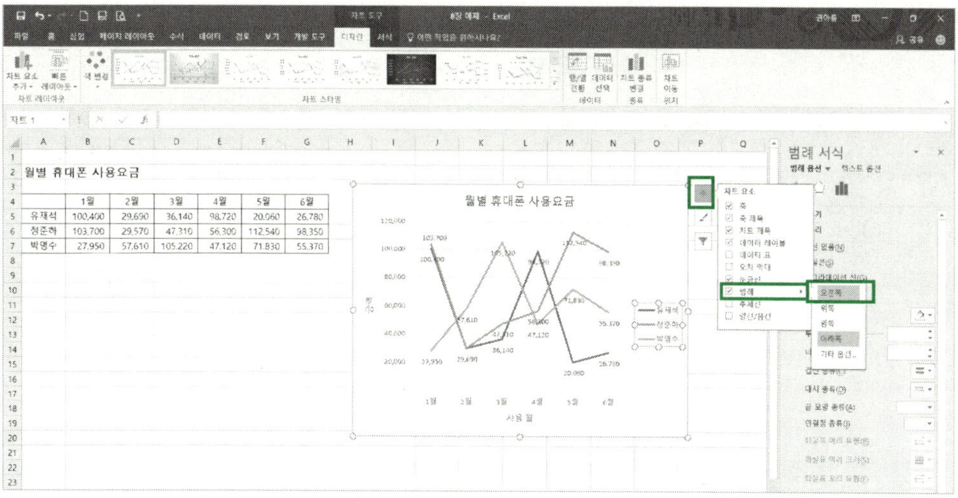

• 데이터 영역에서 박명수 꺾은선 데이터를 선택한 후, 오른쪽 [데이터 계열 서식]에서 [채우기 및 선]-[선]-[색]에서 색상을 [빨강]으로 변경한다.

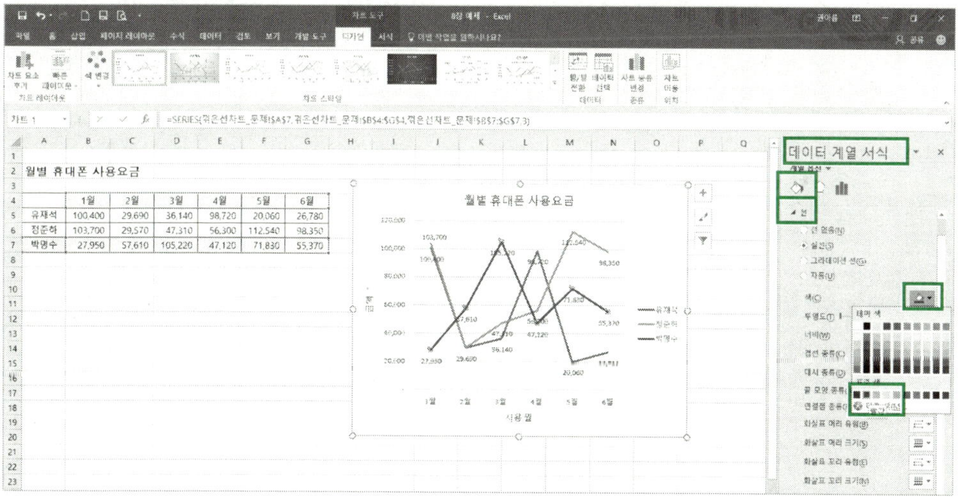

• 박명수 데이터 레이블을 선택한 후, 오른쪽 [데이터 계열 서식]에서 [채우기 및 선]-[표식]-[표식옵션]-[기본 제공]에서 형식을 동그라미로 변경한다.
• 나머지 데이터 레이블의 표식옵션도 모두 [동그라미]로 변경한다.

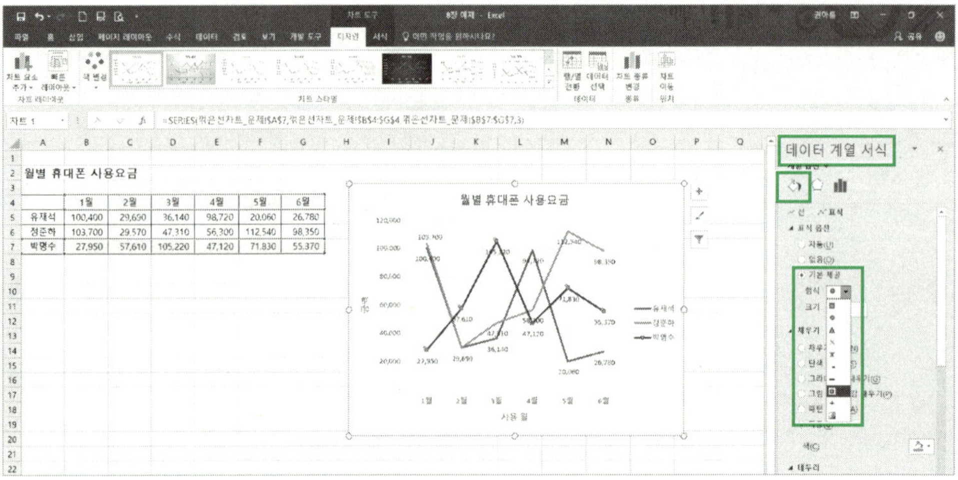

• 차트 Y축을 클릭하여 오른쪽 [축 서식]–[축 옵션]에서 최소값을 "20,000"으로 변경한다.

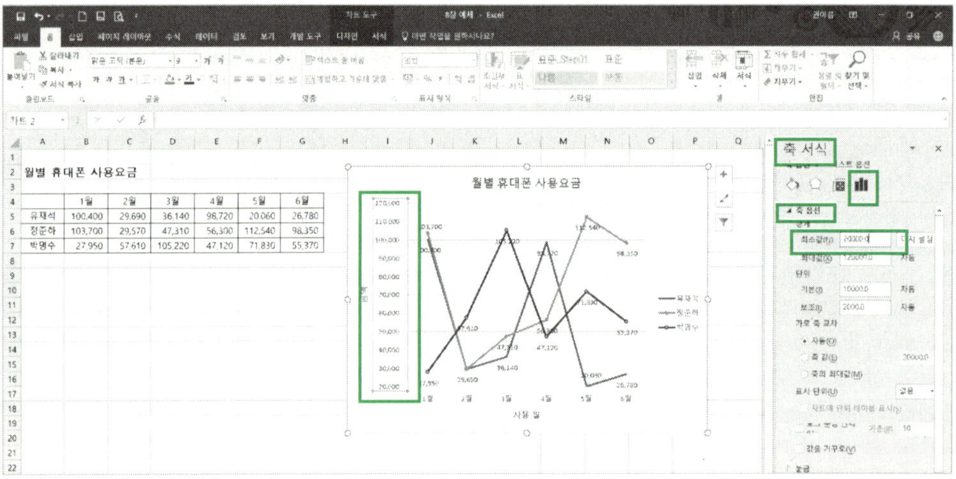

[연습시트 : 8장 예제 – 시트명 '콤보차트_문제']

3) 콤보 차트 만들기

• 생산원가와 불량률에 대한 콤보 차트를 만들기 위해 [A4:B11] 그리고 [E4:E11]을 선택한 후, [삽입]–[추천 차트]–[모든 차트] 탭에서 [콤보형]을 선택한다.

- 하단에 생산원가에 대해서는 [묶은 세로 막대형]의 차트를, 불량률에 대해서는 [꺾은선형]을 선택한 후 불량률만 보조 축을 체크한다.

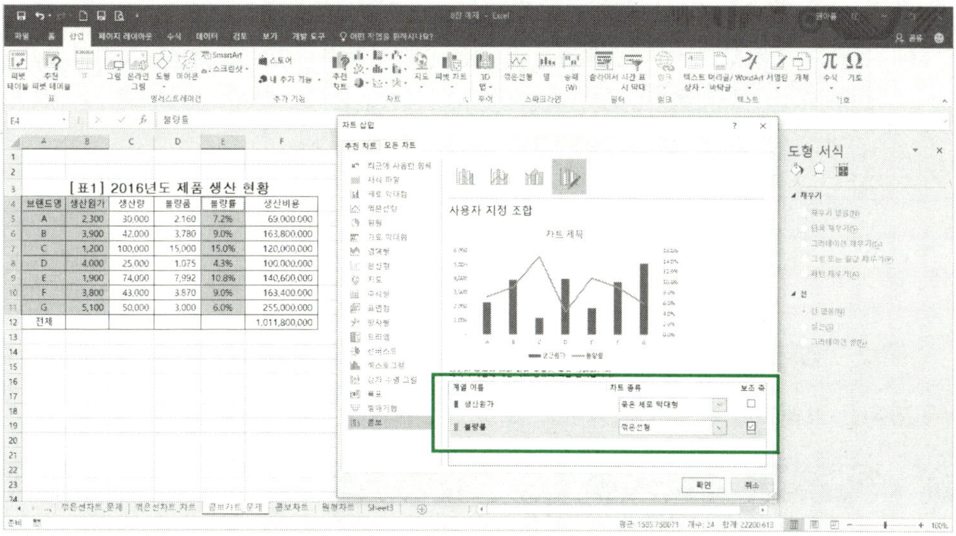

- 차트 제목을 “2016년 제품 생산원가 및 불량률”로 수정한다.

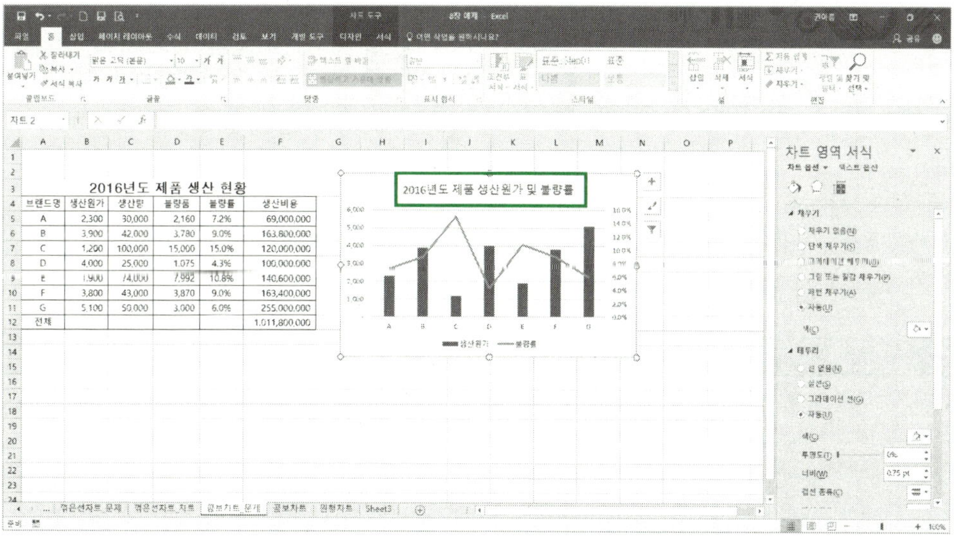

- 꺾은선 그래프의 차트 표식을 [세모]로 변경하고 색상을 [노랑]으로 변경한다.

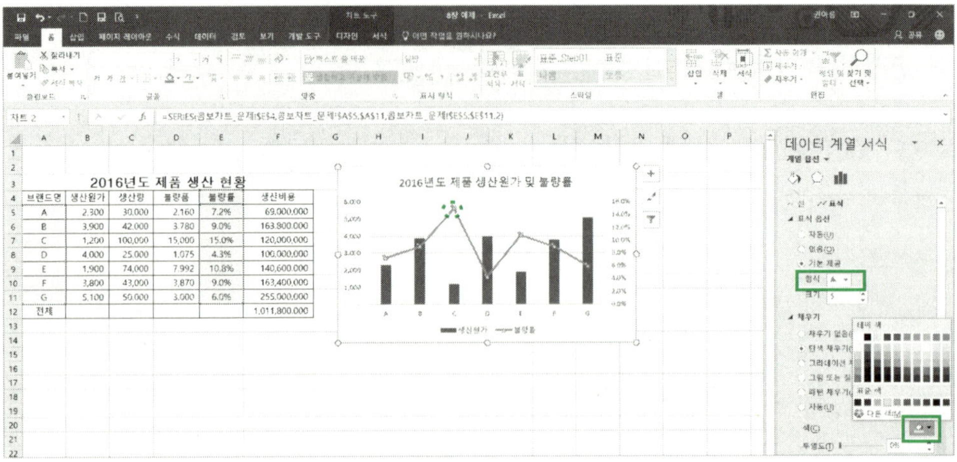

• 꺾은선 그래프만 선택 후 [차트 요소]-[데이터 레이블]을 [위쪽]에 표시한다.

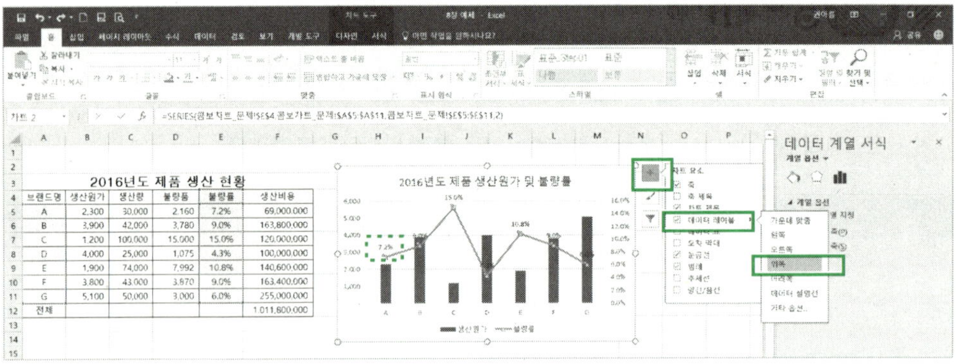

• 불량률을 나타내는 세로 막대 그래프를 선택 후 차트요소에서 [눈금선]-[기본 부가로] 눈금선을 선택한다.

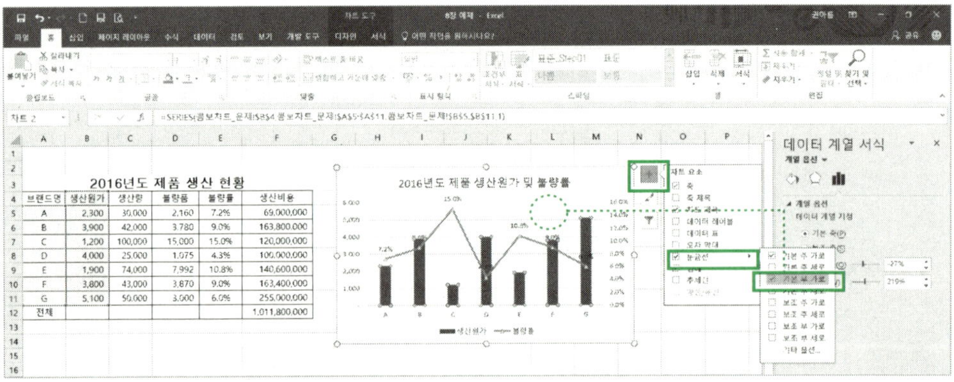

[연습시트 : 8장 예제 – 시트명 '원형차트_문제']

4) 원형 차트 만들기

• 제품별 마켓쉐어율에 대한 콤보차트를 만들기 위해 [A4:C11]을 선택한 후, [삽입]–[추천 차트]–[모든 차트] 탭에서 [원형]–[3차원 원형]을 선택한다.

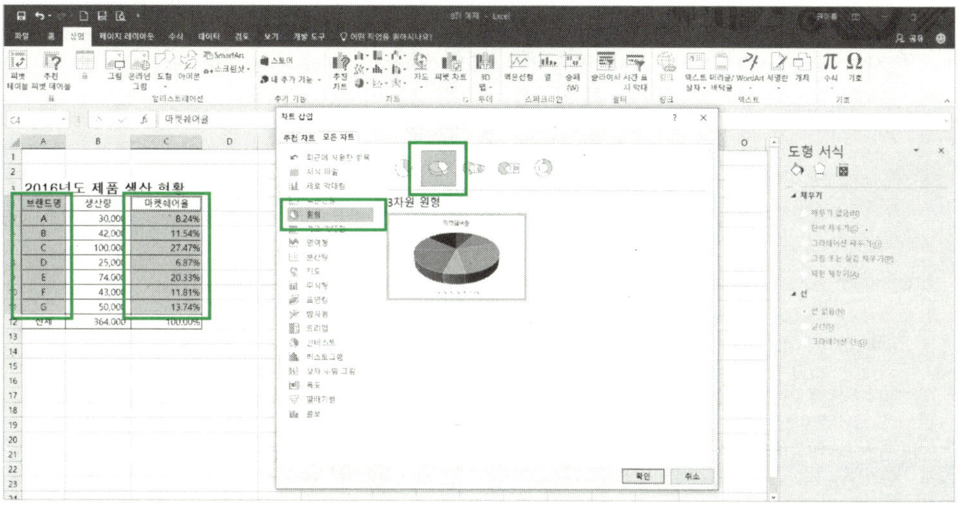

• 차트 요소에서 [데이터 레이블]을 선택한 후, 데이터 레이블의 글씨크기를 [12], 글씨색을 [흰색]으로 변경한다.

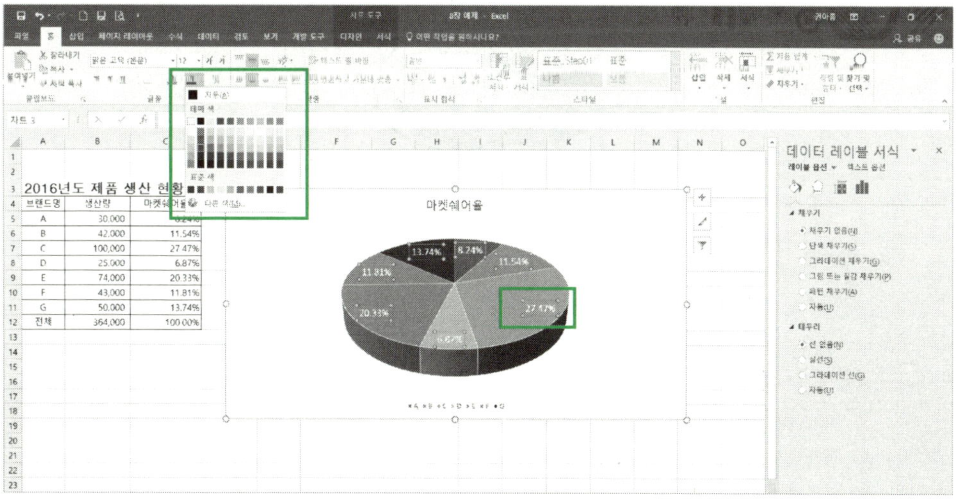

• 범례의 위치를 오른쪽으로 변경한 후, 범례 크기를 조절한다.

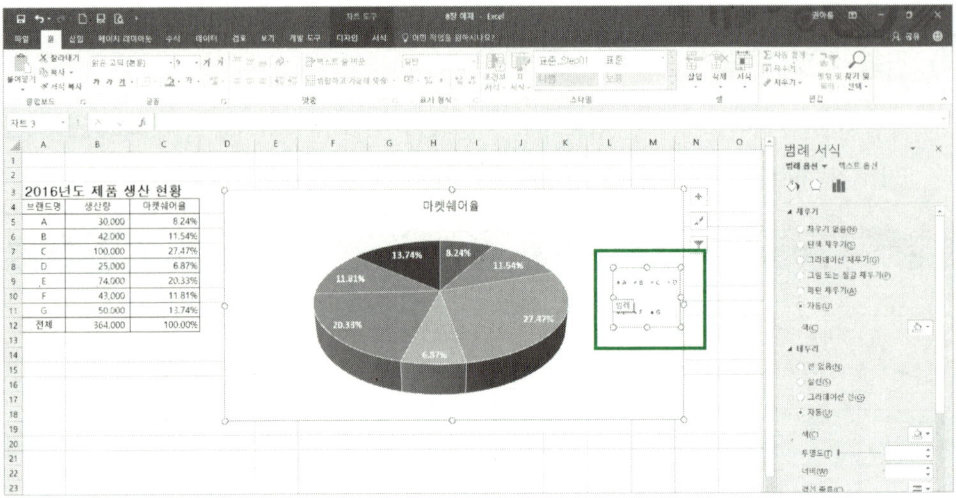

• 그래프 영역에서 회색 부분을 더블클릭한 후 오른쪽으로 드래그하면 원형에서 분리가 가능하다. 특정 데이터에 대한 강조를 나타내기를 원하는 경우 사용한다.

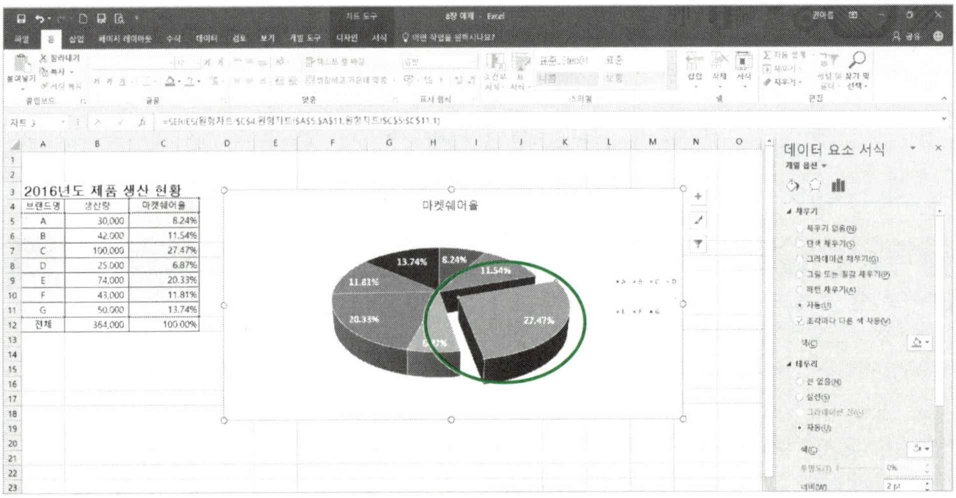

Chapter

09

데이터 관리 및 분석하기

1. 데이터베이스 작성 및 통합하기
2. 데이터 정렬하기
3. 데이터 필터하기
4. 부분합기능 활용하기
5. 피벗 테이블과 피벗 차트 만들기

09 데이터 관리 및 분석하기

Chapter

Easy Business Computing 1 – MS Office Excel

1 데이터베이스 작성 및 통합하기

[연습시트 : 9장 예제 – 시트명 '데이터 가져오기']

1) 데이터베이스의 의미

많은 양의 데이터들을 특정 목적을 위해 체계적으로 정리한 것을 말한다.

ex 고객리스트, 거래처 관리리스트, 사원명부, 급여명세리스트 등

2) 데이터베이스 구성요소

고객번호	이름	거주지역	성별	고객분류	회원가입일	Column1	_1
101	김민수	서울	여	최우수	2015-01-02		
109	최기원	강원	남	일반	2008-12-01		
102	김형수	경기	남	우수	2008-01-02		
103	박기용	서울	남	최우수	2005-03-02		
104	강지영	대전	여	일반	2006-05-01		
105	이순연	부산	여	우수	2008-12-10		
106	고진아	경북	여	최우수	2007-07-01		
107	유희정	대전	여	우수	2003-04-05		
108	김경미	서울	여	최우수	2012-09-10		
110	이형규	부산	남	일반	2011-11-01		
111	김상봉	서울	남	최우수	2004-06-08		
112	박순례	서울	여	우수	2001-05-08		
113	정지영	제주	여	일반	2010-12-12		

❶ **필드명** : 제목행(첫 행)에 해당하는 이름을 말한다.

❷ **필드** : 데이터 내용 중 같은 열에 모여 있는 데이터들을 말한다.

❸ **레코드** : 데이터 내용 중 같은 행에 모여 있는 데이터들을 말한다.

3) 데이터베이스 작성 시 주의점

- 각 셀에 입력한 데이터는 셀 병합, 빈 행, 빈 열이 없어야 한다.
- 셀 하나에는 하나의 정보만 입력되어야 한다.
- 필드명은 한 줄로 입력하고 병합된 셀이 없어야 한다.

4) 데이터 가져오기

- 탭으로 구분된 텍스트 파일(*.txt)을 엑셀로 가져와 데이터 워크시트를 작성할 수 있다.
- [데이터]-[외부 데이터 가져오기]-[텍스트]를 선택 후 가져오기 대화상자에서 9장_고객리스트를 선택한다.

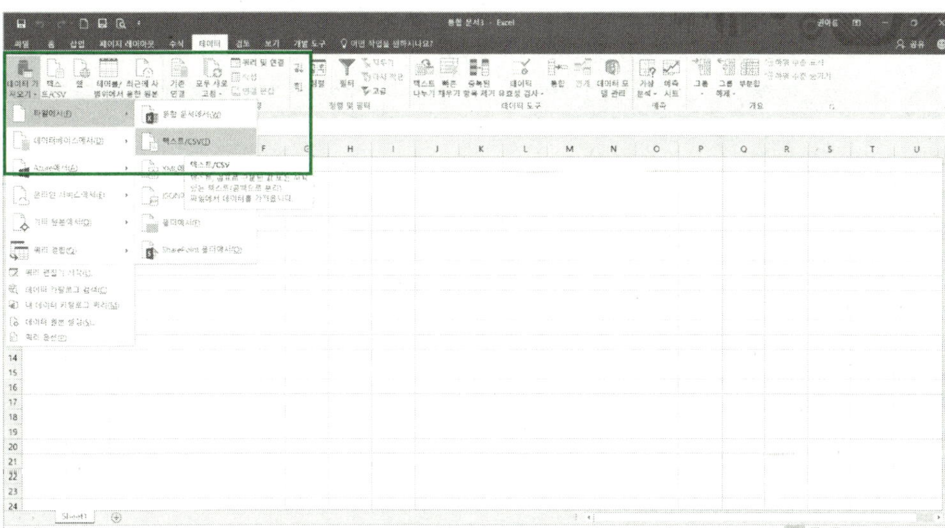

- [구분기호]를 [탭]으로 선택한 후 [로드]를 누른다. 텍스트 파일 내의 구분기호가 콜론이나 쉼표, 세미콜론 또는 사용자 정의 기호인 경우 해당 구분기호로 변경한 후 로드를 누른다.

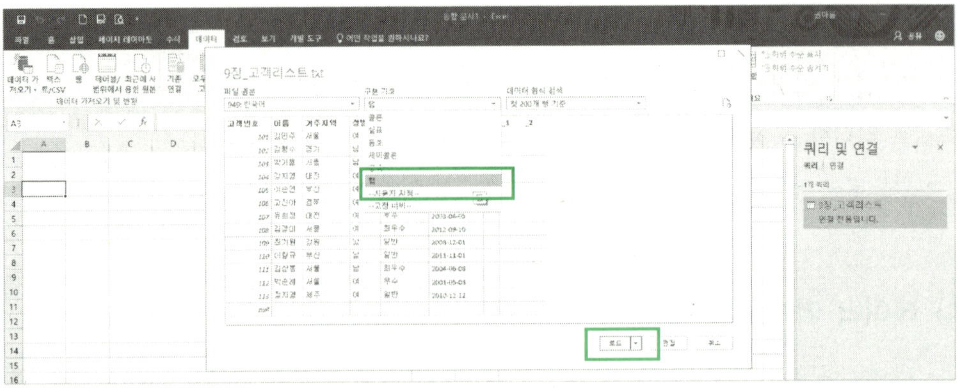

5) 중복 데이터 처리하기

• 데이터 내의 중복된 데이터를 제거하기 위해 데이터 내 셀을 클릭 후 [데이터]–[데이터 도구]–[중복된 항목 제거]를 클릭한다. 중복값은 모두 선택하여 '확인'을 누른다.

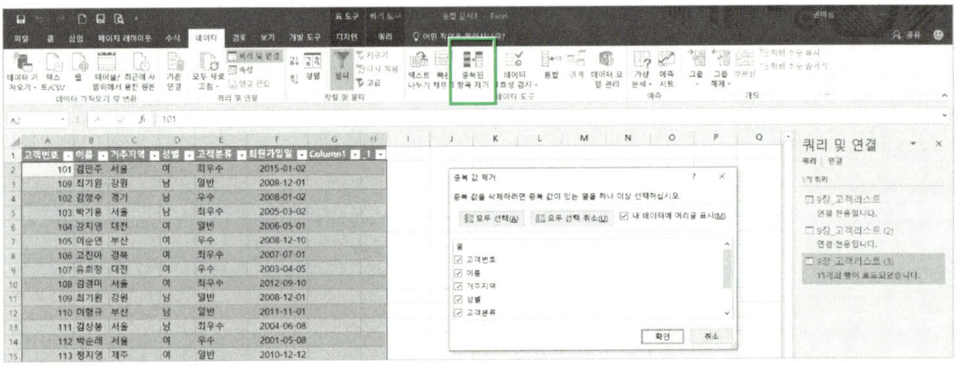

• 삭제할 데이터가 있는 경우 팝업이 뜨면 '확인'을 누른다.

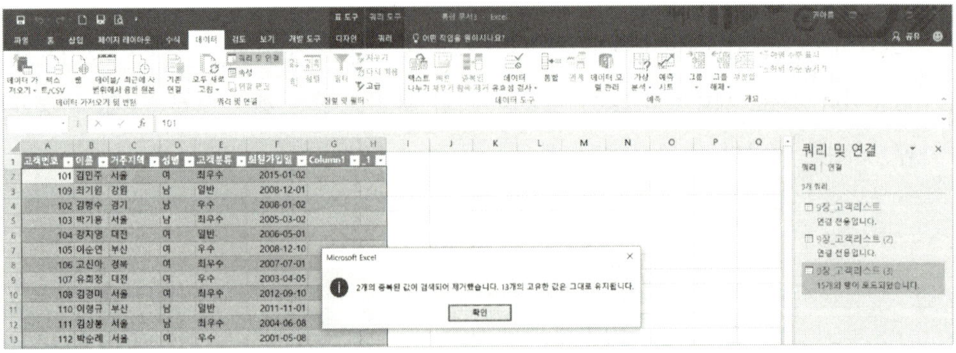

2 데이터 정렬하기

[연습시트 : 9장 예제 – 시트명 '데이터 정렬하기']

1) 데이터 정렬 순서

정렬할 데이터의 필드값을 선택하고 [데이터]–[정렬 및 필터]–[오름차순] 아이콘을 클릭한다.

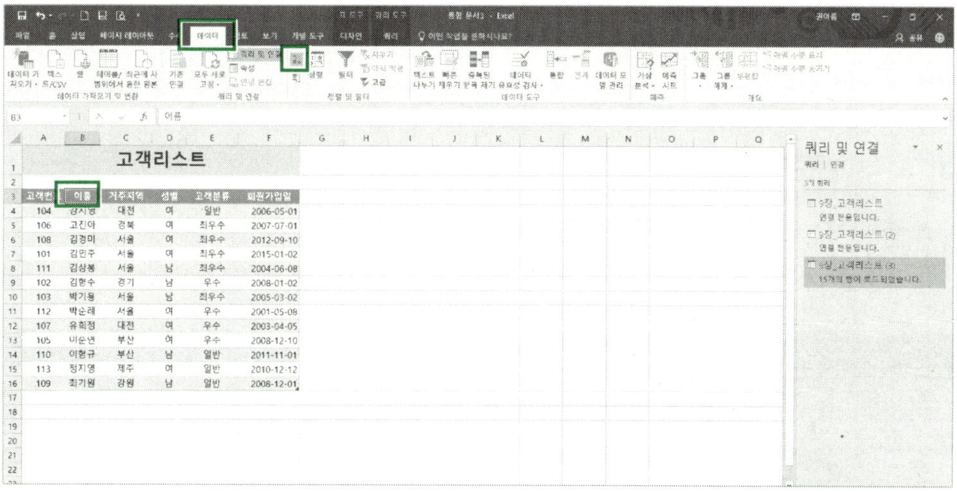

2) 사용자 지정 정렬

- 여러 가지 기준으로 정렬을 원할 경우 데이터 내의 임의의 셀을 선택한 후 [데이터]–[정렬 및 필터]–[정렬] 아이콘을 클릭한다.
- 첫 번째 정렬기준은 이름, 오름차순으로 선택하고, [기준 추가]를 눌러 [정렬기준]을 추가한다. 두 번째 정렬기준은 회원가입일, 오름차순으로 선택한다. 기준 삭제를 원할 경우 상단의 삭제할 기준을 선택한 후 [기준 삭제] 버튼을 누른다.

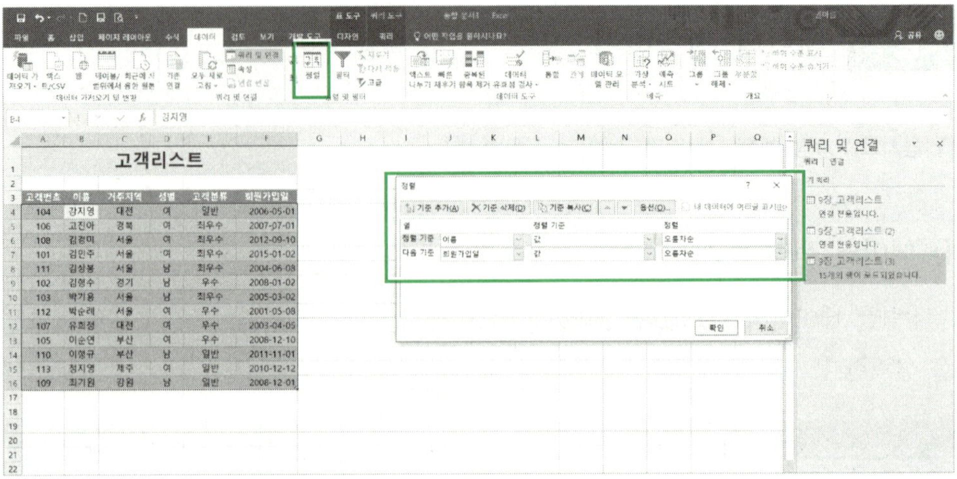

3) 서식 기준 정렬하기

• 사용자가 원하는 기준으로 정렬을 만들고 싶을 경우에는 [기준 추가]를 눌러 정렬 기준을 고객분류로 설정한 후 정렬에서 [사용자 지정목록]을 선택한다.

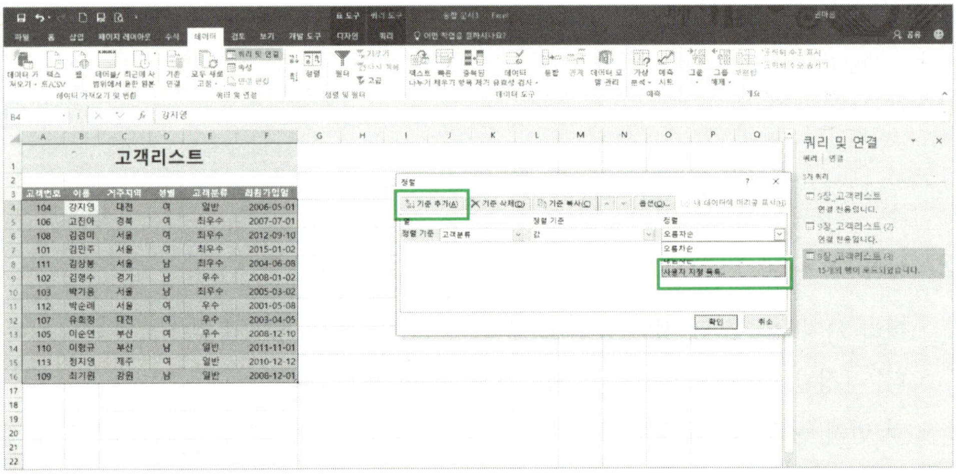

• 지정 목록에 존재하지 않는 항목은 오른쪽 [추가] 버튼을 눌러 목록을 최우수, 우수, 일반으로 기입하여 추가한다.

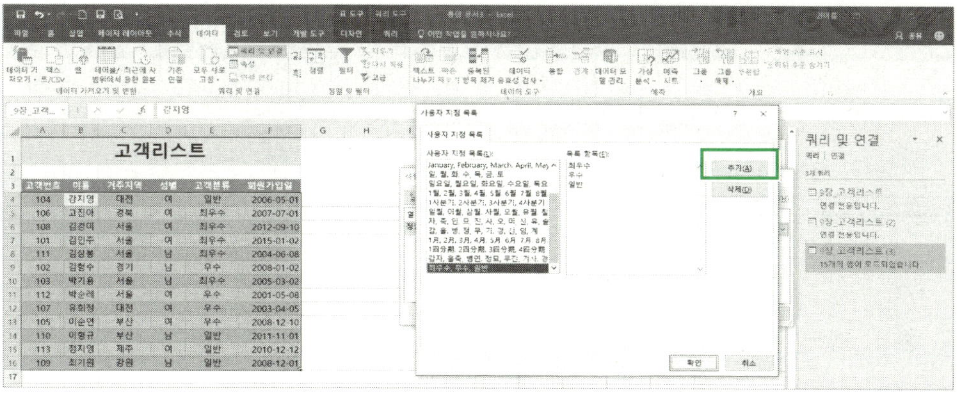

• 정렬에 추가한 목록을 선택한 후 '확인'을 누른다.

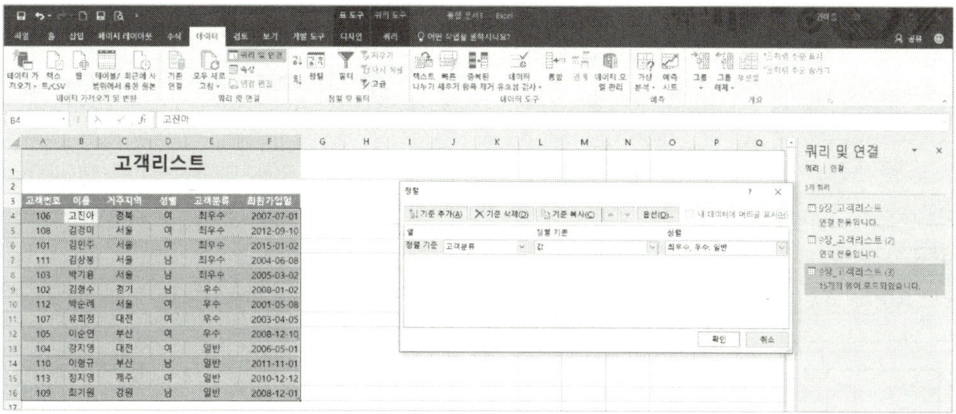

3 데이터 필터하기

[연습시트 : 9장 예제 – 시트명 '데이터 필터하기']

1) 자동 필터

• 필드명을 선택 후 [데이터]–[정렬 및 필터]–[필터] 아이콘을 선택한다.
• 상단 필드명에 필터 단추가 생성된다.

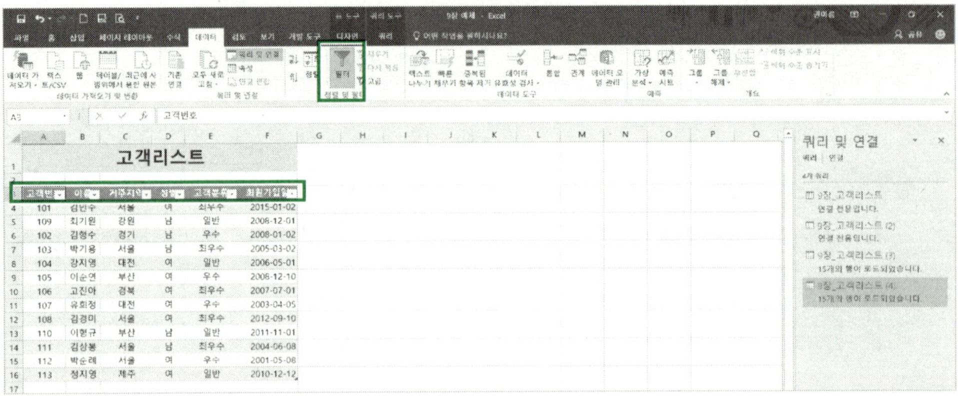

• 이름에서 [필터] 단추를 누르고 강지영, 고진아, 김경미, 김민주, 김상봉, 김형수만 선택하여 필터링한다.

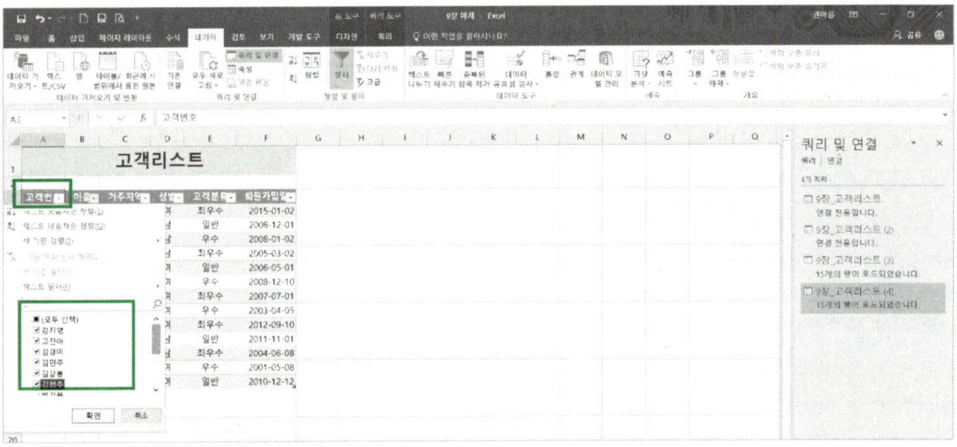

• 이번에는 고객분류의 [필터] 단추를 열어 최우수만 선택한다. 즉, 이름과 고객분류에 필터가 적용되어 두 가지 필터 조건이 AND로 연결되어 있다. 자동필터기능은 필터 사이에 AND기능만 가능하다

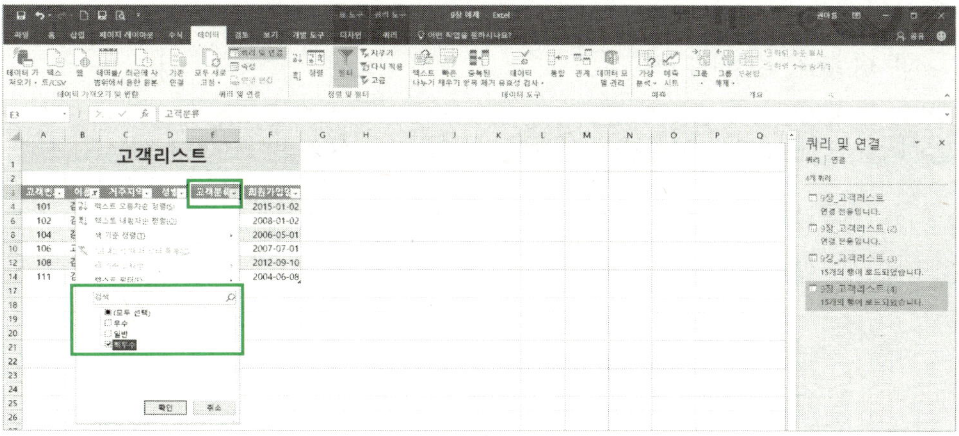

• 필터를 해제하고 싶을 때는 [데이터]-[정렬 및 필터]-[지우기] 아이콘을 누른다. 지우기, 다시적용 아이콘은 필터가 적용되었을 때만 활성화된다.

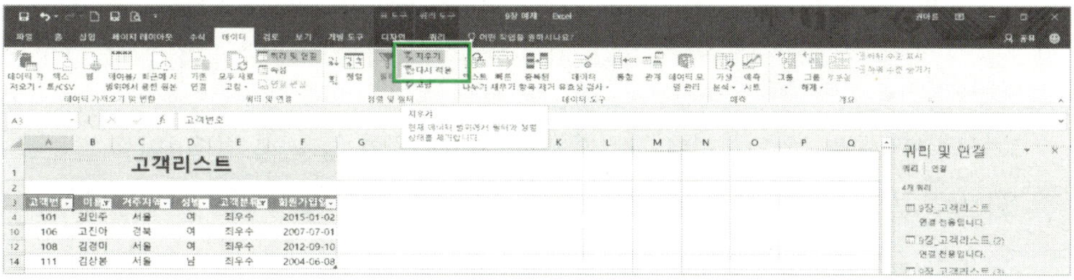

• 부분적으로 필터를 지우고 싶을 경우에는 해당 [필터] 단추를 눌러 [필터 해제]를 클릭한다.

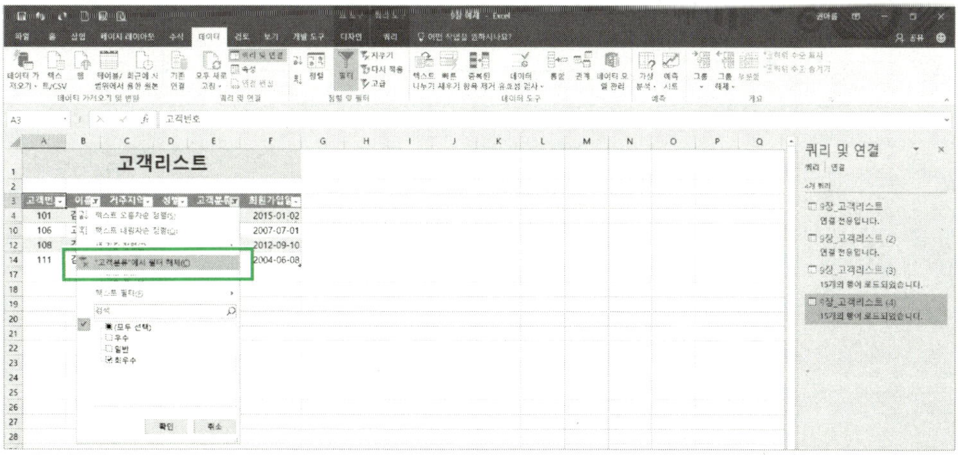

• 적용된 필터를 모두 지운 후 회원가입일 [필터] 단추를 클릭하여 [날짜 필터]-[해당 범위]를 클릭한다.

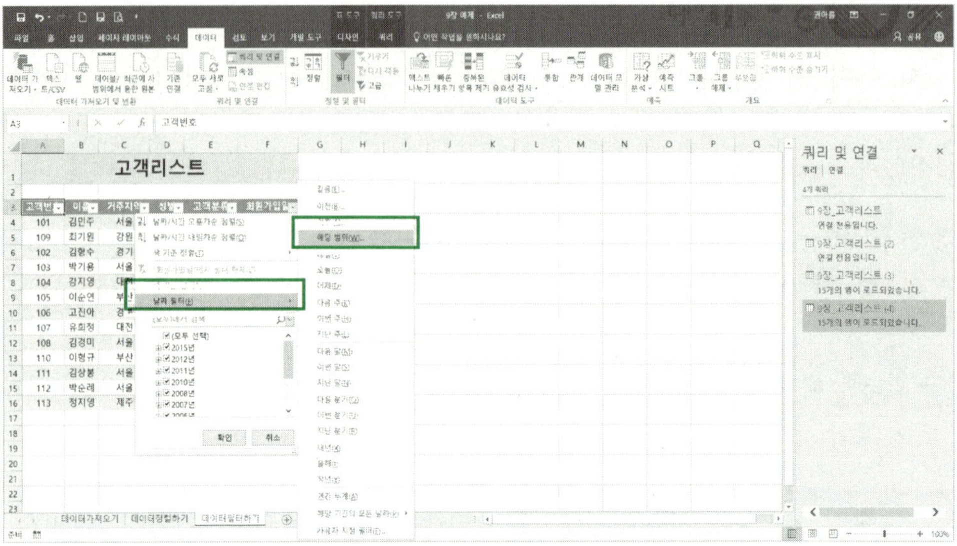

• 2015년부터 오늘 날짜 사이에 가입자를 확인하기 원할 경우 첫 번째 [이후 또는 같음]으로 선택한 후 오른쪽 달력 아이콘을 선택하여 날짜를 지정한다. 하단에는 [이전 또는 같음]으로 선택한 후 달력 아이콘을 클릭하여 [오늘]을 누른다.

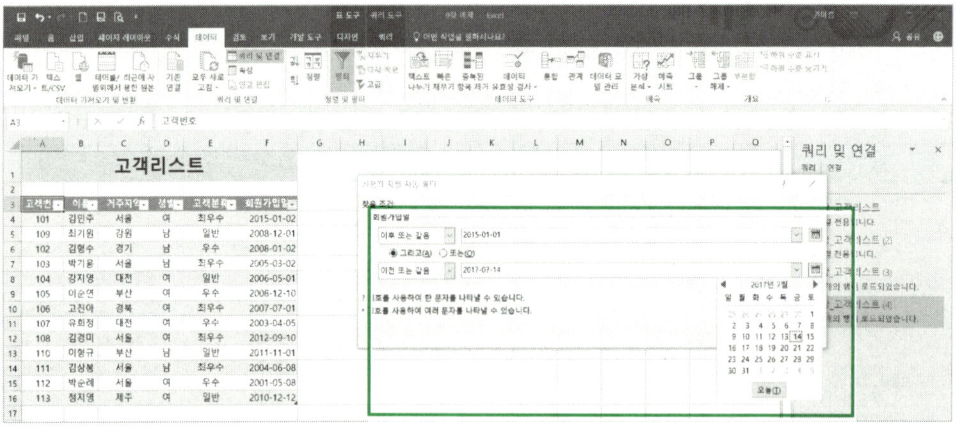

• 원하는 날짜 사이에 회원가입이 된 레코드만 아래와 같이 나타나게 된다.

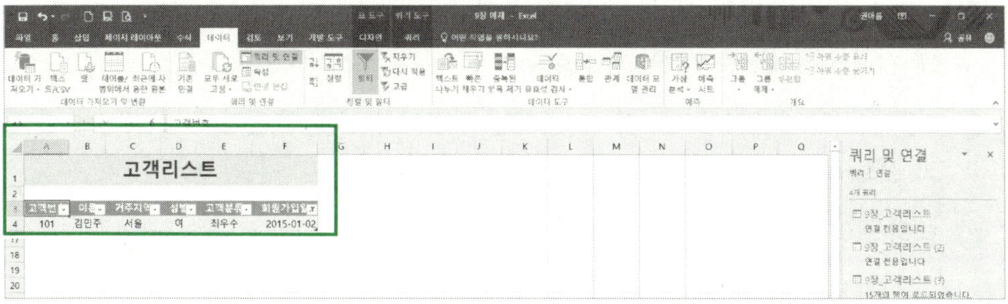

4 부분합기능 활용하기

[연습시트 : 9장 예제 – 시트명 '부분합_문제']

1) 부분합기능 및 대화상자

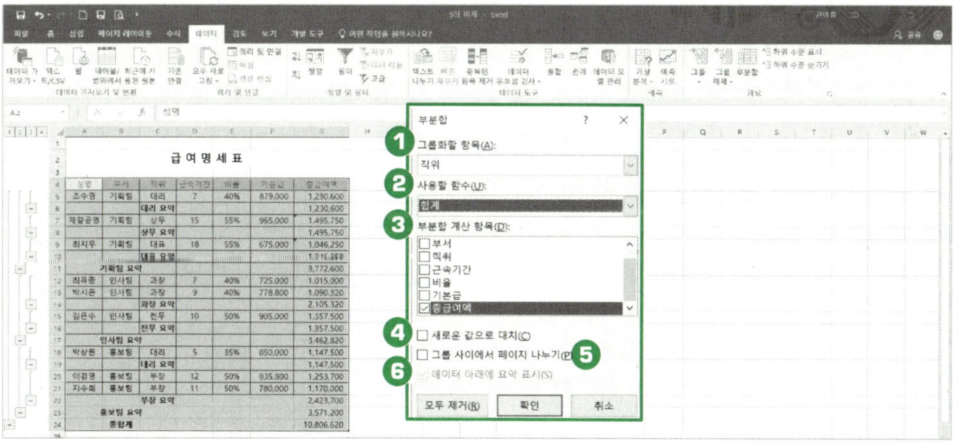

❶ **그룹화할 항목** : 그룹화할 기준으로 반드시 정렬이 되어 있어야 가능하다.

❷ **사용할 함수** : 그룹화하여 나타낼 함수를 정할 수 있다. 종류로는 합계, 개수, 평균, 최대, 최소, 곱, 숫자 개수, 표본 표준 편차, 표준 편차, 표본 분산, 분산을 설정할 수 있다.

❸ **부분합 계산 항목** : 부분합을 할 계산 항목을 선택한다.

❹ **새로운 값으로 대치** : 부분합을 적용한 항목을 새로운 값으로 대치하거나 기존 표에 그대로 적용하는 것을 선택한다.

❺ **그룹 사이에서 페이지 나누기** : 그룹화할 항목의 부문별 그룹과 그룹 사이에 페이지 나누기 삽입 여부를 선택한다.

❻ **데이터 아래에 요약 표시** : 데이터 마지막에 총계에 대해 요약을 나타내는 것을 선택한다.

2) 윤곽 기호

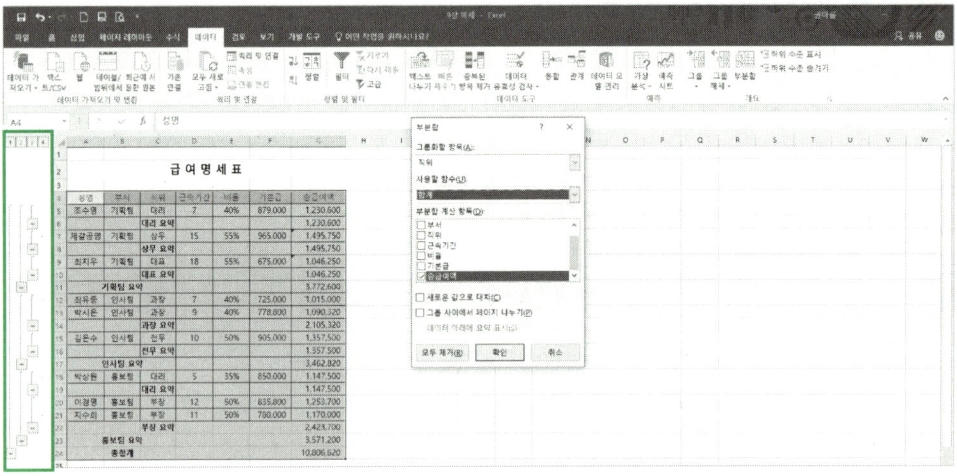

- 좌측 윤곽 기호를 선택하면 상위수준, 하위수준 그룹별로 표를 볼 수 있다.
- 1 : 전체 결과인 총합계를 나타낸다.
- 2 : 소계를 나타낸다.
- 3 : 전체 데이터를 나타낸다.
- + : 확장 표시로 클릭하면 숨겨져 있는 하위 수준을 볼 수 있다.
- – : 축소 표시로 클릭하면 상위 수준으로 볼 수 있다.

3) 다중 부분합 작성하기

- 부분합을 작성할 항목을 기준으로 오름차순으로 정렬한다.
- 문제에서는 부서와 직위에 대한 부분합 작성을 위해 1순위 부서, 2순위 직위에 대해 오름차순 정렬을 한다.
- 2순위 직위에 대해서는 사용자 지정 목록을 이용하여 대리, 과장, 부장, 상무, 전무, 대표의 새 목록을 만들어 오름차순 정렬을 한다.

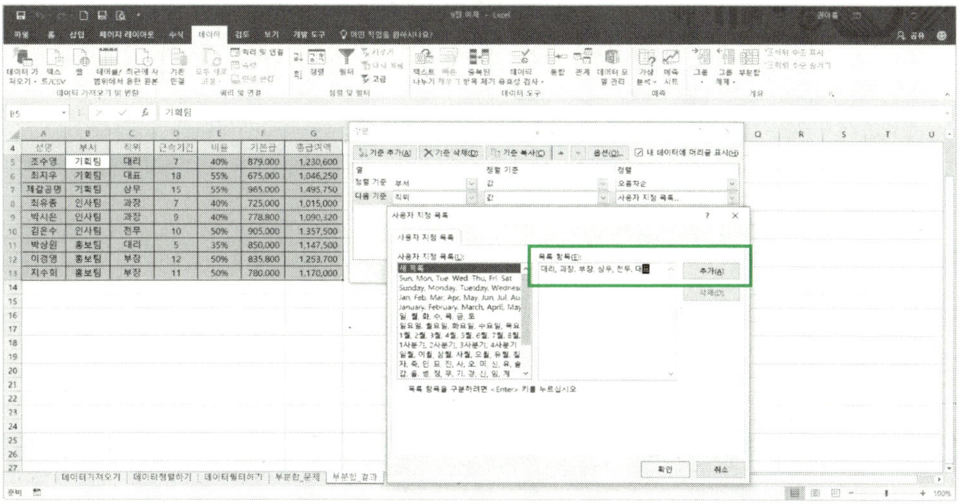

- 표 안의 임의의 셀을 선택하고 [데이터]−[개요]−[부분합]을 클릭한다.
- 1순위 부서에 대한 부분합을 구하기 위해 그룹화할 항목은 부서, 사용할 함수는 합계를 선택, 계산할 항목에 대해서는 총급여액을 선택 후, 아래 [새로운 값으로 대치 부분]을 체크한다.

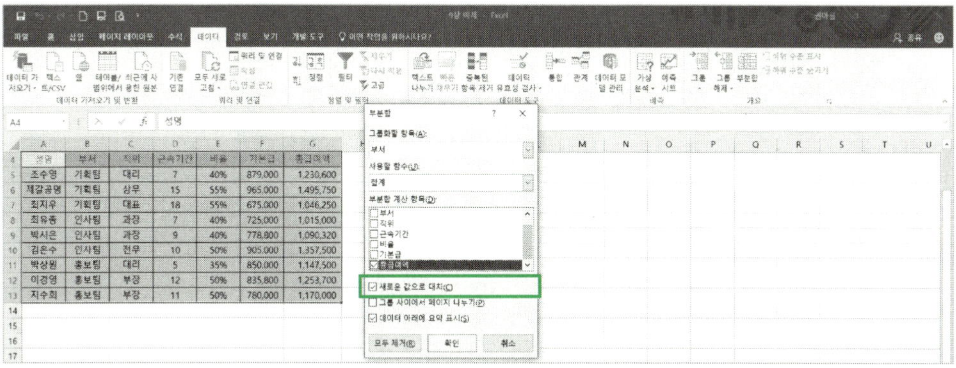

• 2순위 직위에 대한 부분합을 구하기 위해 그룹화할 항목은 직위, 사용할 함수는 합계를 선택, 계산할 항목에 대해서는 총급여액을 선택 후, 아래 [새로운 값으로 대치] 부분을 체크 해제한다.

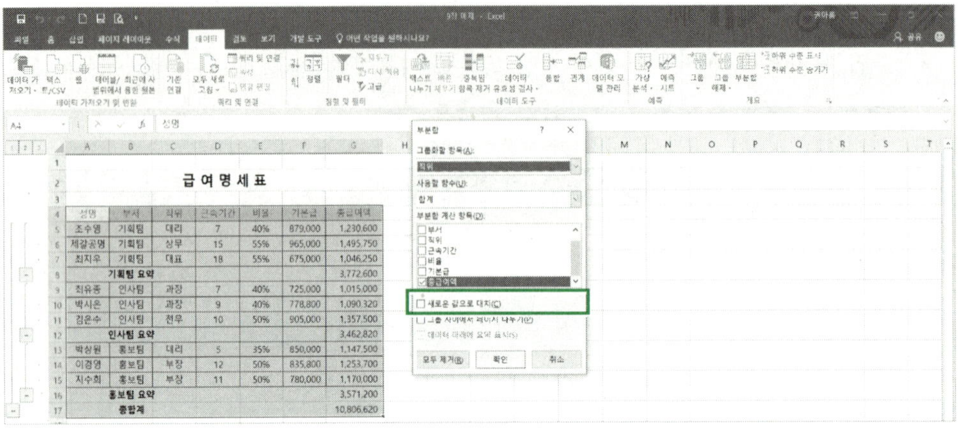

• 부분합 결과에 대해 좌측의 윤곽 기호를 이용하여 데이터 확장 및 축소가 가능하다.

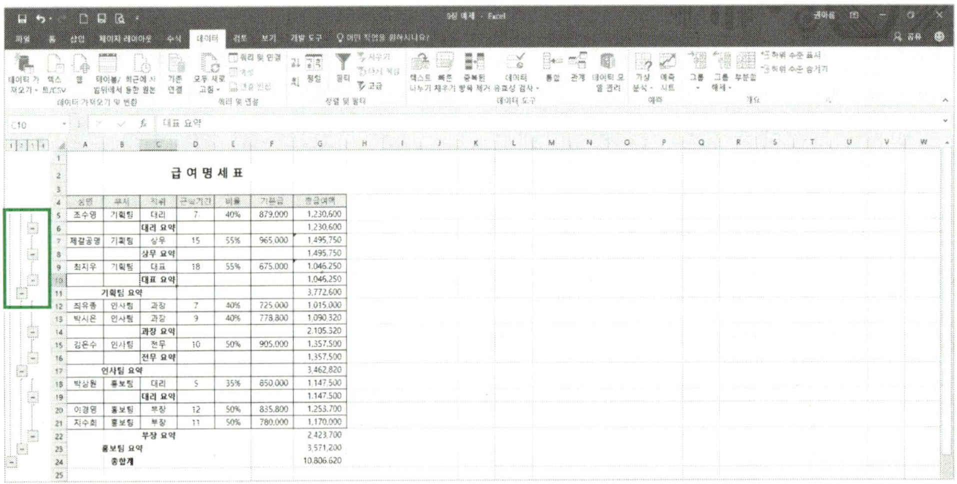

• 부분합을 모두 삭제하고 싶을 때는 부분합 설정에서 [모두 제거]를 클릭한다.

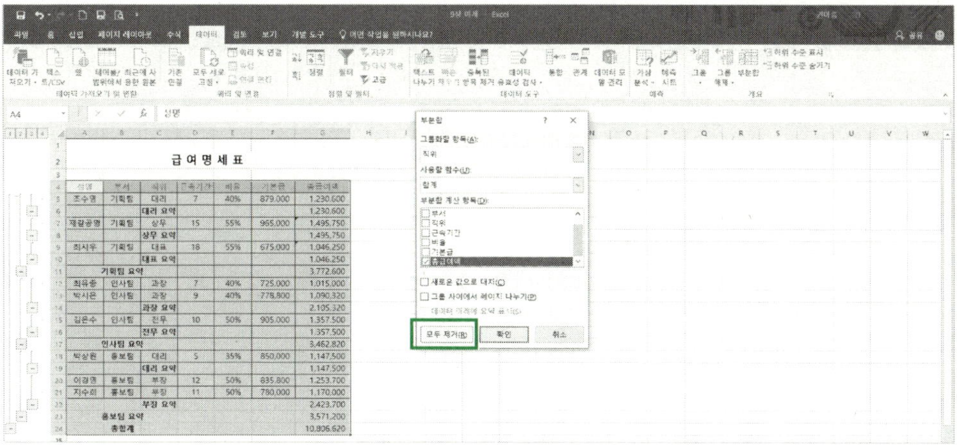

4) 부분합 결과 복사하기

- 화면에서 보이는 부분만 선택하여 복사가 가능하다.
- 좌측 윤곽기호에서 [3]을 선택하여 직위 및 부서에 대한 부분합 결과보기를 선택한다.

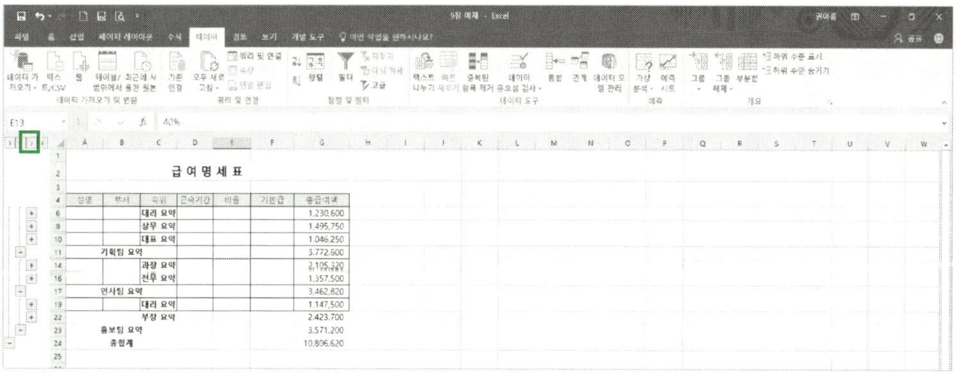

- 복사를 원하는 영역을 선택([B4:G24])하여 F5를 누른 후 옵션에서 [화면에 보이는 셀만] 선택한 후 '확인'을 누르고 단축키 Ctrl+C를 누른다.

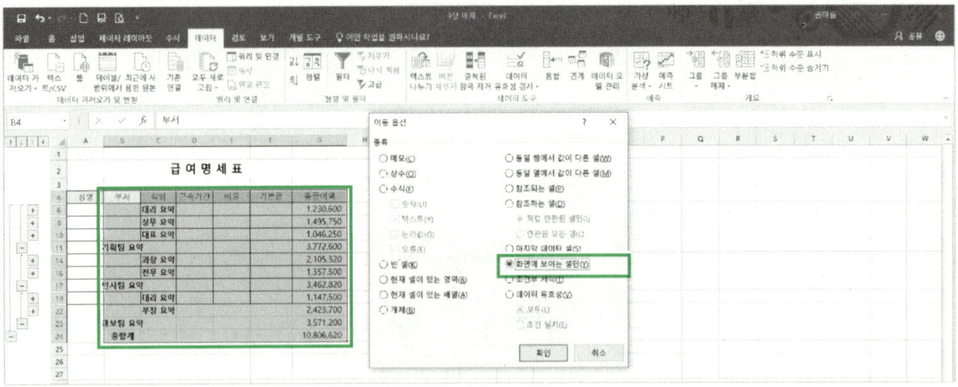

• 새로운 시트에 Ctrl+V를 눌러 붙여넣기한다.

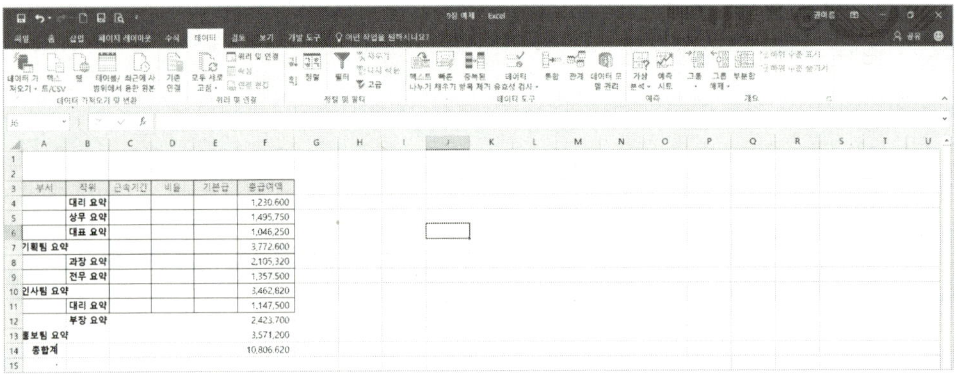

5 피벗 테이블과 피벗 차트 만들기

[연습시트 : 9장 예제 – 시트명 '피벗 테이블_문제']

1) 피벗 테이블 삽입하기

• 임의의 셀을 선택하고 [삽입]–[표]–[피벗 테이블]을 클릭한다.

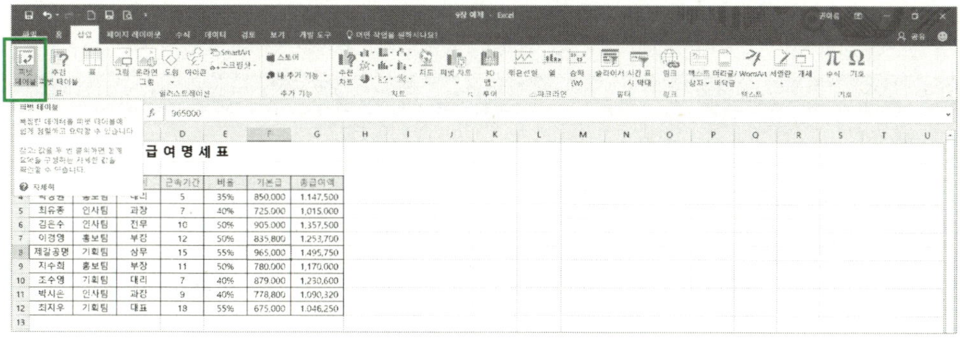

• 표 영역을 선택하고 [새 워크시트]에 삽입을 클릭한다.

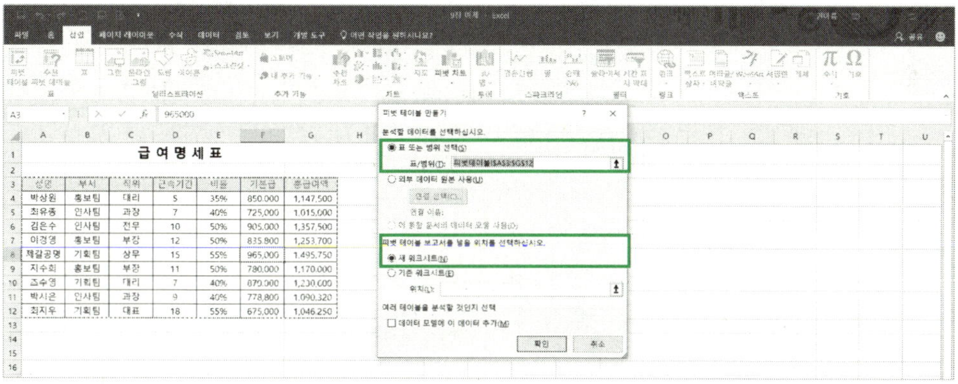

• 오른쪽 [피벗 테이블] 필드에서 성명, 부서, 직위, 기본급, 총급여액을 선택한다.

• 행 레이블 영역에 있는 부서와 직위를 열 레이블 영역으로 드래그한다.

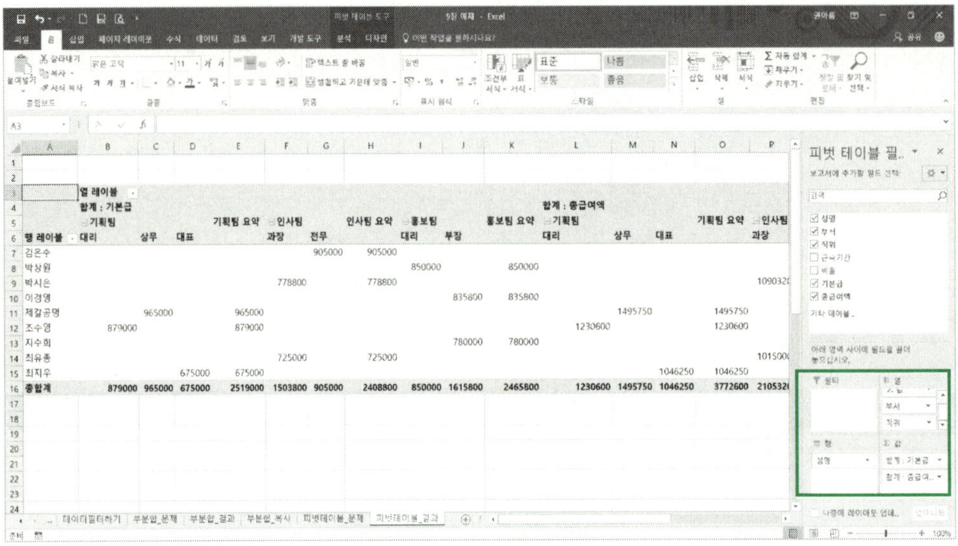

2) 피벗 테이블 레이아웃

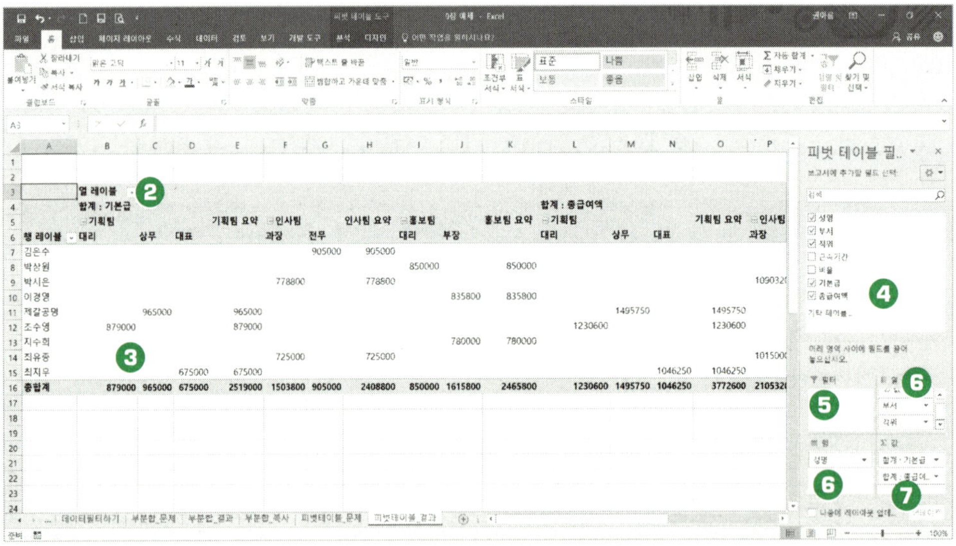

❶ **필터 단추** : 필터 단추를 클릭하여 필요한 데이터 항목을 선택하여 표시되는 요약 정보를 볼 수 있다.

❷ **행/열 레이블 단추** : 지정한 필드 데이터로 레이블 단추를 클릭하여 필요한 데이터만 표시할 수 있다.

❸ **데이터값** : 레이블을 분석하여 계산한 값이 표시된다.

❹ **보고서에 추가할 필드 선택하기** : 데이터 범위의 필드 목록이 표시된다. 오른쪽에 필터, 열, 행 레이블값, 값 목록 상자를 드래그하여 피벗 테이블을 만들 수 있다.

❺ **보고서 필터** : 전체 데이터 영역을 요약하여 보여주는 필드이다.

❻ **열/행 레이블 목록상자** : 열/행 방향으로 그룹화할 필드이다.

❼ **값** : 숫자가 들어있는 필드이며, 총계, 평균, 최대, 최소, 개수 등을 표시할 수 있다.

3) 피벗 테이블 레이아웃 및 디자인 변경하기

디자인 탭의 피벗 테이블 스타일을 확장하여 디자인을 변경할 수 있다.

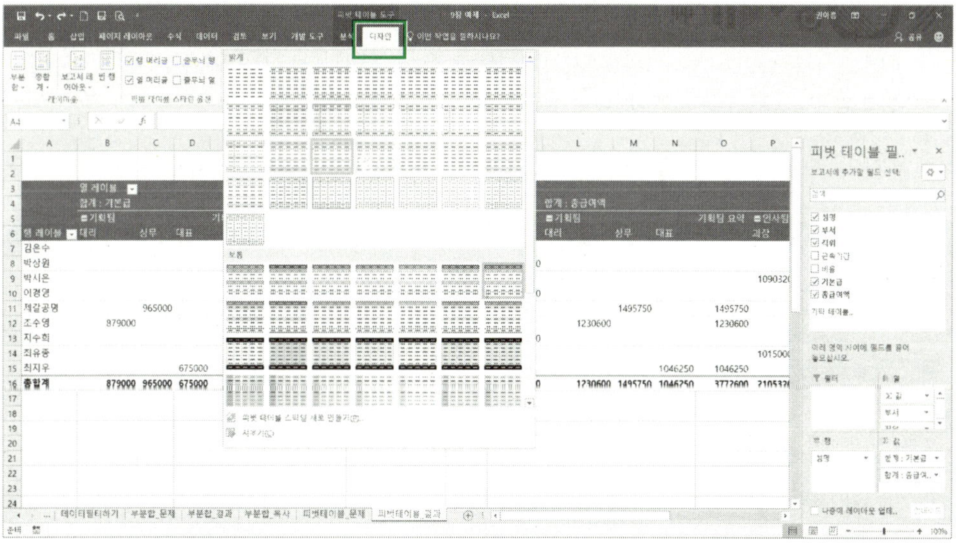

4) 추천 피벗 테이블 만들기

엑셀에서는 피벗 테이블 설계를 자동으로 만들어 주는 기능이 있다. 표에서 [삽입]–[추천 피벗 테이블]을 클릭하면 [권장 피벗 테이블] 내에서 자신이 원하는 테이블을 선택 가능하다.

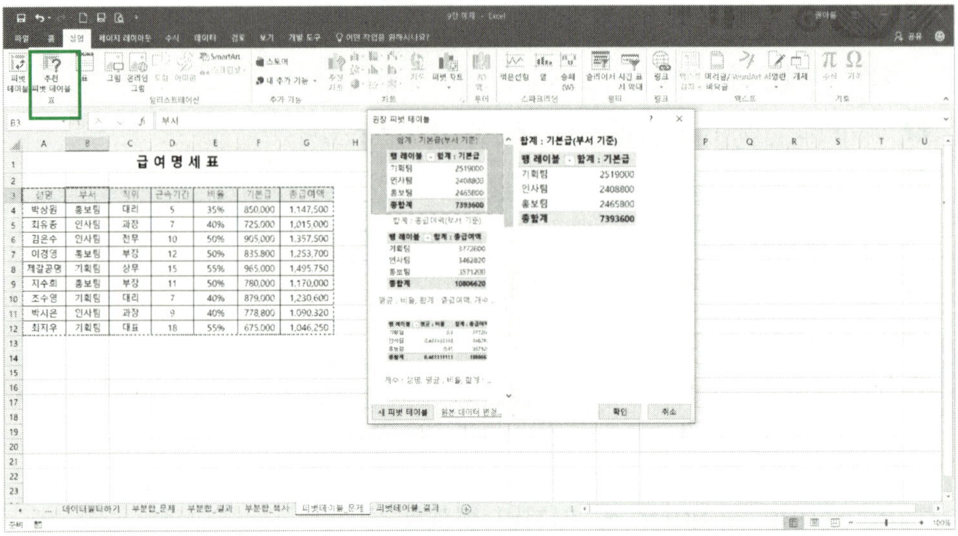

5) 슬라이서, 시간 표시 막대 삽입/제거하기

- 피벗테이블에서 원하는 필터 적용을 쉽게 하기 위해 [분석]-[슬라이서 삽입]에서 [부서]와 [직위]를 클릭한다.
- 부서와 직위에 대한 슬라이서가 삽입되면 드래그하여 원하는 위치에 둔다.

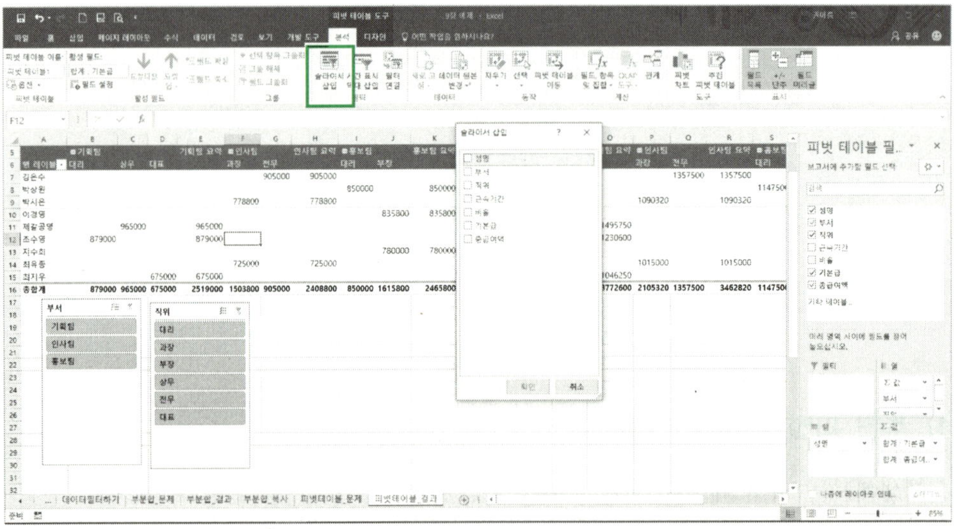

- 중복되는 필터를 선택하고 싶을 때는 Ctrl을 누른 상태에서 클릭하면 가능하다.

Ctrl을 누른 상태에서 부서에서는 기획팀과 인사팀을, 직위에서는 전무와 대표를 클릭하면 아래와 같이 나타난다.

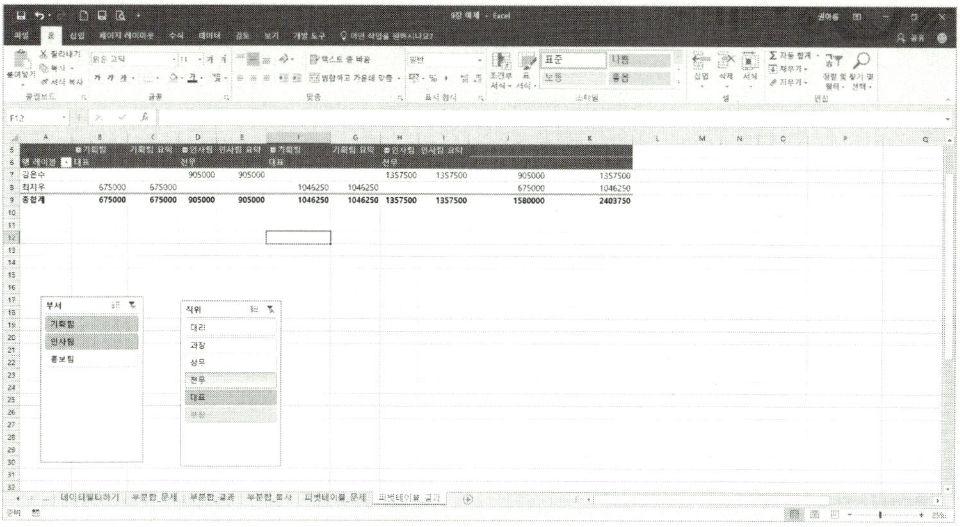

6) 피벗 차트 만들기

- 피벗 테이블을 이용하여 피벗 차트 작성을 원할 경우 [분석]-[도구]-[피벗 차트]를 클릭한다.
- 원하는 그래프를 선택 후 '확인'을 누른다.

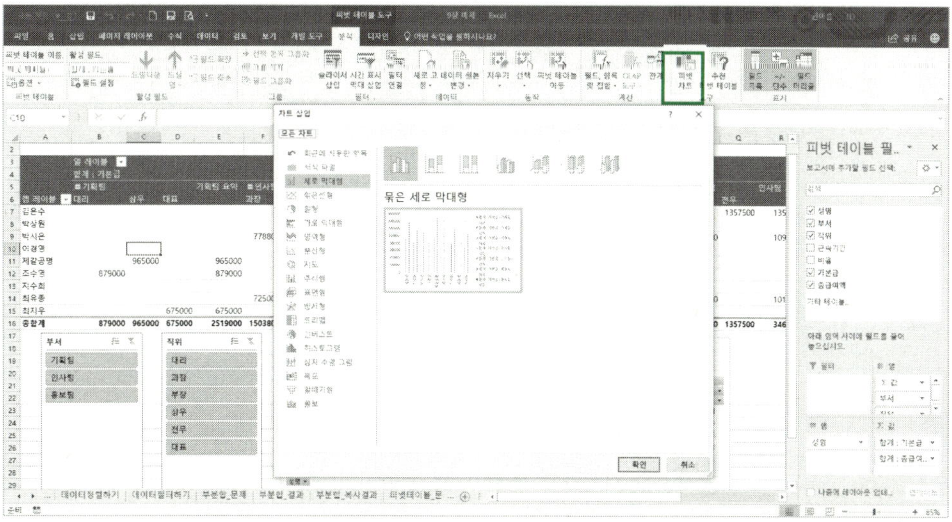

• 필드 버튼을 이용하여 자신이 보고자 하는 데이터만 선택하여 차트 작성이 가능하다.

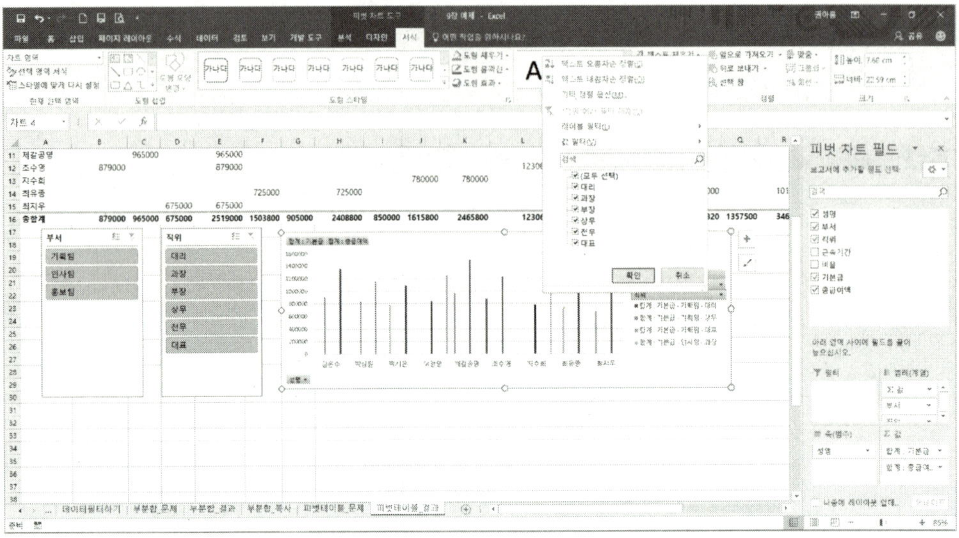

Chapter

10

매크로 활용하기

10 Chapter 매크로 활용하기

[연습시트 : 10장 예제 – 시트명 '매크로만들기_문제']

1 매크로 만들기

1) 매크로의 정의

작업을 자동화할 수 있도록 여러 가지 명령어를 하나로 묶어 하나의 작업으로 실행할 수 있게 만드는 기능을 말한다. 엑셀에서는 작업 단추나 도형에 매크로기능을 활용할 수 있다.

2) 매크로 대화상자

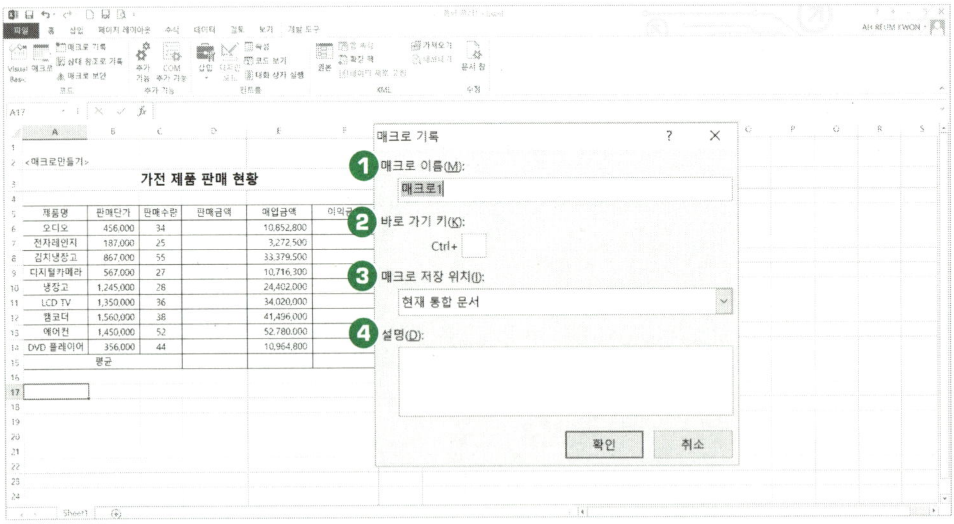

❶ **매크로 이름** : 기록할 매크로의 이름을 지정한다. 반드시 문자로 시작하고 공백, 특수문자, 셀 주소는 사용할 수 없다.

❷ **바로가기 키** : 매크로를 실행할 수 있는 단축키를 설정할 수 있다.

❸ **매크로 저장위치** : 매크로가 기록될 위치를 개인용 통합 문서, 새 통합 문서, 현재 통합 문서 중 하나를 선택할 수 있다.

❹ **설명** : 매크로에 대한 부연 설명을 입력한다.

3) 개발 도구 탭 추가

- 매크로의 기능이 활성화되어 있지 않은 경우에 아래의 방법을 사용한다.
- [파일]-[옵션]-[리본 사용자 지정] 항목을 선택한다. [리본 메뉴 사용자 지정] 목록에서 [개발도구]에 체크한 후 '확인'을 누른다.

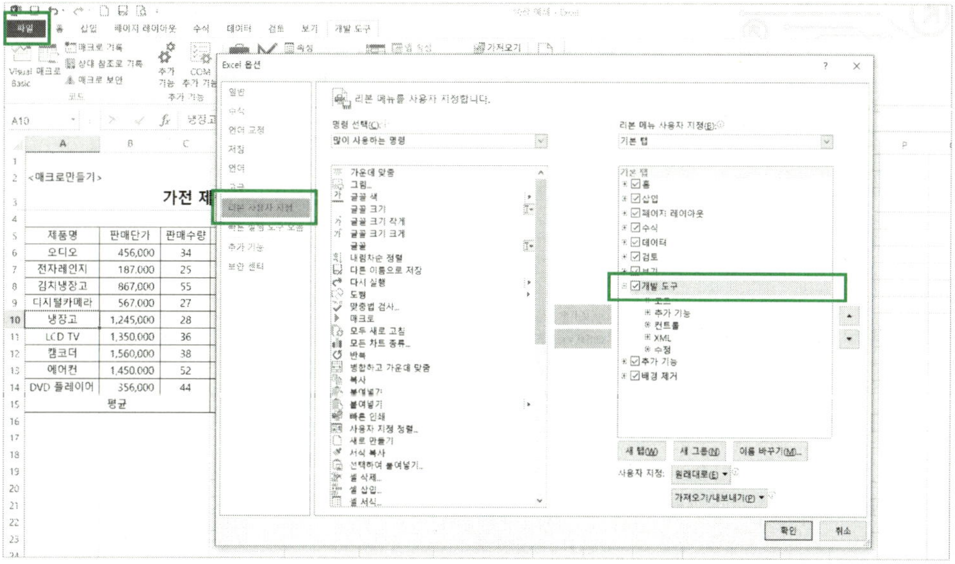

4) 매크로 기록하기

- [개발도구]-[코드] 그룹에서 [매크로 기록]을 클릭한다.
- [매크로 이름], [매크로 저장 위치]를 설정한 후 '확인'을 누른다.

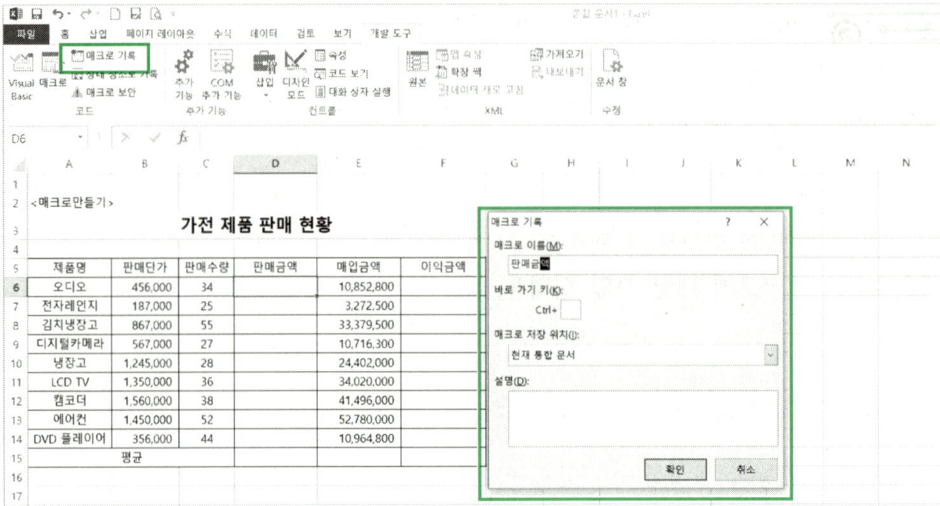

- 판매금액=판매단가*판매수량이라는 매크로를 저장한다.
- 작업이 끝난 후 [중지] 버튼을 꼭 누른다.

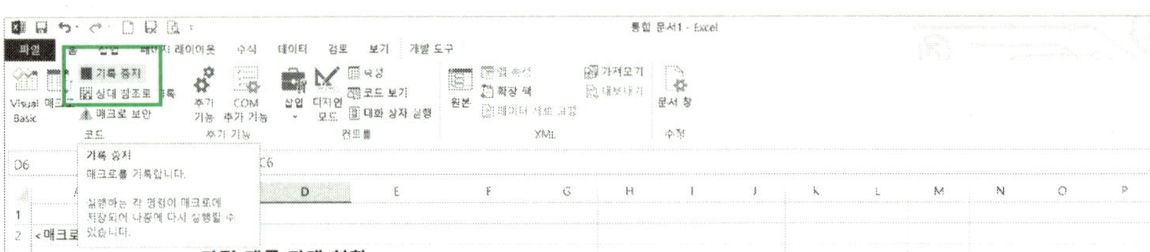

- 매크로 실행을 돕는 도형을 삽입한다.

2 매크로 실행 및 삭제하기

1) 매크로 실행하기

- 상단에 매크로를 지정한 판매금액을 지운 후 아래 판매금액 도형을 클릭한다.
- 매크로 기능에 저장한 기능이 활성화된다.

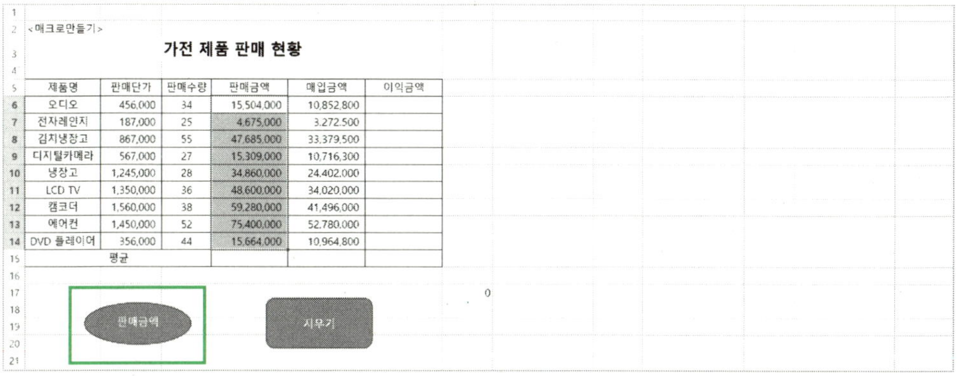
<매크로만들기>

가전 제품 판매 현황

제품명	판매단가	판매수량	판매금액	매입금액	이익금액
오디오	456,000	34	15,504,000	10,852,800	
전자레인지	187,000	25	4,675,000	3,272,500	
김치냉장고	867,000	55	47,685,000	33,379,500	
디지털카메라	567,000	27	15,309,000	10,716,300	
냉장고	1,245,000	28	34,860,000	24,402,000	
LCD TV	1,350,000	36	48,600,000	34,020,000	
캠코더	1,560,000	38	59,280,000	41,496,000	
에어컨	1,450,000	52	75,400,000	52,780,000	
DVD 플레이어	356,000	44	15,664,000	10,964,800	
평균					

2) 매크로 삭제하기

저장한 매크로 삭제를 원할 경우 [개발도구]-[매크로]를 클릭 후 해당 매크로를 선택하여 삭제한다.

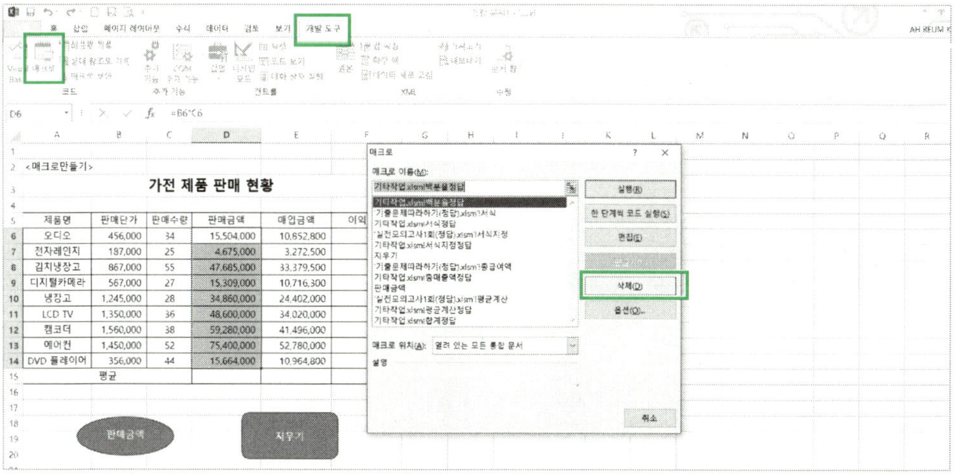

3) 매크로 포함하여 저장하기

- **매크로가 포함된 문서를 저장할 경우** : 다른 이름으로 저장을 누른 후 파일 형식에서 [Excel 매크로 사용 통합 문서]로 선택하여 저장한다.

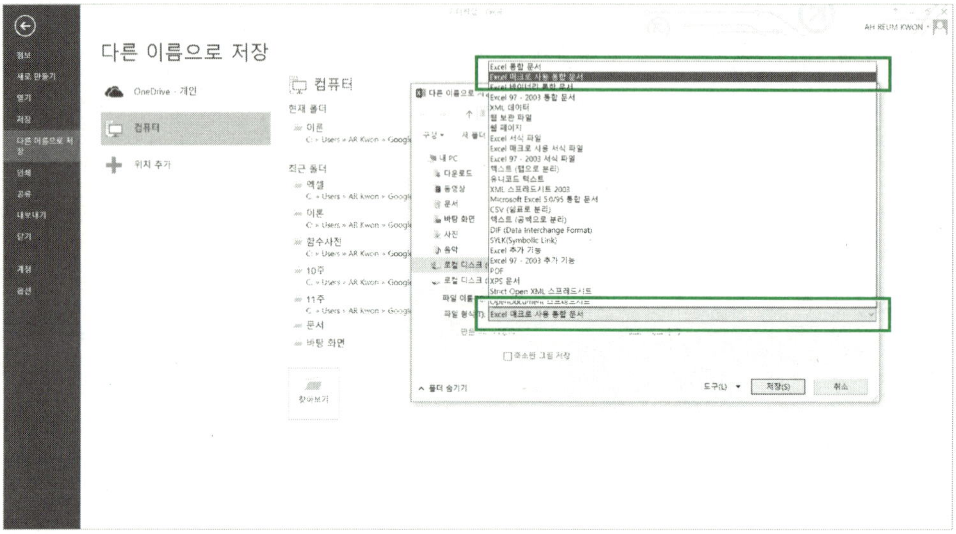

- **매크로가 포함된 문서를 오픈할 경우** : 문서 상단에 보안경고가 뜰 경우 콘텐츠 사용을 클릭하면 저장된 매크로를 사용할 수 있다.

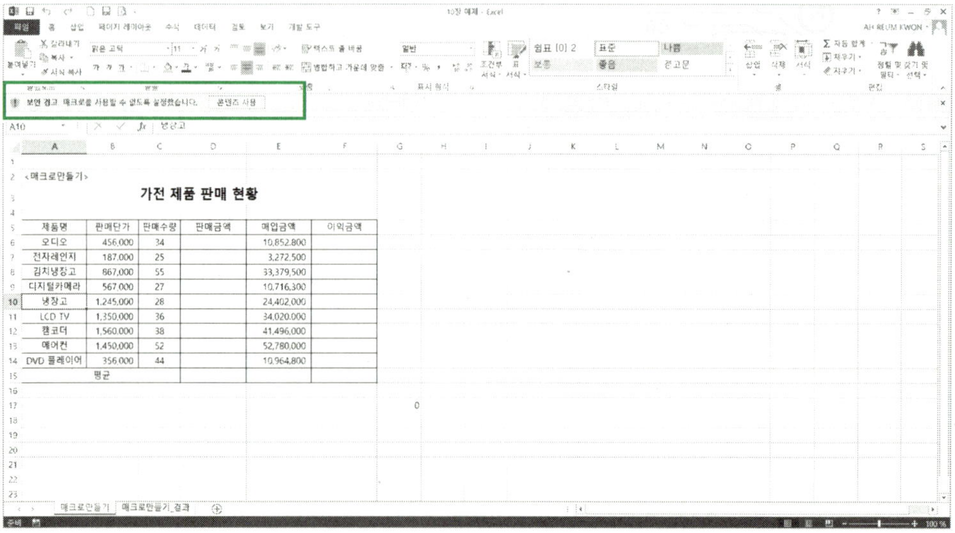

| 저자약력 |

조현정

서울대학교 대학원 교육학박사(산업인력개발 전공)
이화여자대학교 대학원 문학석사(국제사무학 전공)
이화여자대학교 경영학사(경영학 전공)
현) 신안산대학교 국제비서과 조교수
한국비서학회 상임이사
한국코칭학회 상임이사
(사)커리어컨설턴트협회 정회원

[주요 저서 및 논문]
- '법률비서 탐색과 취업전략'(공저, 무역경영사, 2016)
- "Administrative Assistants' Informal Learning and Related Factors"(*Journal of Workplace Learning*, 2016)
- "비서 역량모델링 : Dubois의 일반 모델 덧씌우기 방법을 중심으로"(비서학논총, 2017)
- "법률비서 자격개발에 관한 연구"(비서학논총, 2017)
- "여고생의 대학진학결정과정에서의 정보요구분석"(취업진로연구, 2016)
- "중등교사 역량모델 개발"(직업과 자격연구, 2015)
- "시대구분에 따른 전문비서 대학 비서과 역사적 사건 고찰"(비서학논총, 2013)
- "수행비서의 역할 및 직무에 관한 연구"(농업교육과 인적자원개발, 2012)
- "목회자사모의 DACUM 직무분석과 교회비서와의 비교연구"(비서학논총, 2011)
- "미국, 중국, 일본, 3개국의 비서, 비서교육 및 비서연구에 대한 비교연구"(비서학논총, 2010)

권아름

이화여자대학교 대학원 문학석사(국제사무학 전공)
이화여자대학교 경제학사(경제학 전공)
현) 한국관광대학교 항공서비스과 겸임교수

[주요 저서 및 논문]
- '법률비서 탐색과 취업전략'(공저, 무역경영사, 2016)
- "법률비서 자격개발에 관한 연구"(비서학논총, 2017)

Easy Business Computing 1 – MS office Excel

2017년 8월 25일 1판 1쇄 발행
2021년 8월 25일 1판 2쇄 발행

저　　자 | 조현정 · 권아름
발 행 인 | 이수영
발 행 처 | 도서출판 청람
서울시 마포구 독막로 288(대흥동, 세양상가 109호)
전　　화 | 02) 3272-2601~2
팩　　스 | 02) 3272-2603
이 메 일 | crbooks@daum.net
홈페이지 | http://www.crbooks.co.kr
등　　록 | 2000년 8월 26일 제6-0509호

ISBN 978-89-5972-597-7 93300 [정가 15,000원]